THE TALENT REVOLUTION:
LONGEVITY AND THE FUTURE OF WORK

职业传承

长寿时代的人力管理

[加拿大] 丽莎·泰勒（Lisa Taylor） 著
弗恩·利博（Fern Lebo）

张濛 译

电子工业出版社
Publishing House of Electronics Industry
北京·BEIJING

The Talent Revolution: Longevity and the Future of Work by Lisa Taylor, Fern Lebo©
University of Toronto Press 2019.
Original edition published by University of Toronto Press, Toronto, Canada.

本书中文简体字版权独家授予电子工业出版社。未经许可，不得以任何手段和形式复制或抄袭本书内容。

版权贸易合同登记号　图字：01-2020-3985

图书在版编目（CIP）数据

职业传承：长寿时代的人力管理 /（加）丽莎·泰勒（Lisa Taylor），（加）弗恩·利博（Fern Lebo）著；张濛译 . —北京：电子工业出版社，2022.6
书名原文：THE TALENT REVOLUTION: LONGEVITY AND THE FUTURE OF WORK
ISBN 978-7-121-42754-1

Ⅰ.①职… Ⅱ.①丽…②弗…③张… Ⅲ.①企业管理—人力资源管理 Ⅳ.① F272.92

中国版本图书馆 CIP 数据核字（2022）第 021607 号

责任编辑：张振宇
文字编辑：杜　皎
印　　刷：中国电影出版社印刷厂
装　　订：中国电影出版社印刷厂
出版发行：电子工业出版社
　　　　　北京市海淀区万寿路 173 信箱　　邮编：100036
开　　本：880×1230　1/32　　印张：8.5　　字数：234 千字
版　　次：2022 年 6 月第 1 版
印　　次：2022 年 6 月第 1 次印刷
定　　价：78.00 元

凡所购买电子工业出版社图书有缺损问题，请向购买书店调换。若书店售缺，请与本社发行部联系，联系及邮购电话：（010）88254888，88258888。
质量投诉请发邮件至 zlts@phei.com.cn，盗版侵权举报请发邮件至 dbqq@phei.com.cn。
本书咨询联系方式：（010）88254210，influence@phei.com.cn，微信号：yingxianglibook。

序　言

解决问题比提出问题要简单得多。

——阿尔伯特·爱因斯坦

在推特、短信和"云"出现之前，甚至早在"friend"一词被用作动词之前，"婴儿潮一代"（出生于1946—1964年）在职场中的人数已经超过了在其他任何年代出生的人——他们是商业的驱动者。在他们之中不乏创造家、思想家、谋划家、实干家，还诞生了企业家、首席执行官、总统，但这些辉煌已不复存在。如今，这批曾经精力充沛的职场开拓者常被描绘成职场隐形人。不仅如此，许多经理人似乎还认为，自己是大发善心才会放任他们在职场中"敷衍塞责"。一些企业没能意识到婴儿潮一代还蕴藏着丰富的人才资源，而是仅仅依靠"千禧一代"的年轻人，认为后者是唯一拥有足够的技术头脑、能够在当今技术当道的职场中游刃有余的人。但我们细想便知，婴儿潮一代是高举革命大旗的一代——他们改变职业模式，创造新愿景，要求融入职场，他们是时代的弄潮儿。的确，这一群体是一股改革的力量，是塑造未来工作的五大关键驱动力之一。假如你是一位首席执行官、管理人员或人力资源专业人士，要想提高产能，充实人才库，消除代际效应，使自己的竞争优势最大化，那么婴儿潮一代绝不应该被忽视。

探讨未来的工作是十分重要的，因为我们已经步入了一个新的十年。有人满怀期待地盼望着在未来数十年间，我们的工作将发生翻天覆地的变化。也有人担心，劳动力老龄化、代际动态、新的工作模式、维持生计的需求，当然还有人工智能和自动化，将引发一系列挑战。本书主要聚焦的是职场人员结构在未来工作中究竟扮演何种角色，因为这一结构随着人均寿命的增长发生了根本性的转变。它能够解释长寿如何成为人才革命的催化剂，以及你的企业可以怎样抓住眼前的机遇。

每一场革命都有其特定的革命者、开拓者和牺牲者，它们发生在特定的环境下，产生特定的影响和问题。人才革命也不例外，它是人类现实与创新思想共同改变工作格局的一种必然结果，无异于一场需要具备高瞻远瞩的领导力的职场巨变。本书既折射出今天的职场万象，又能在我们展望2030年时，描绘出未来可能出现的工作场景。

人们可能会问：职场究竟发生了什么？企业忠诚度已不复存在，数十年如一日地待在同一个岗位上的时代也早已过去。的确，

序言

职场的人员结构似乎发生了巨大的转变，以至于管理不同年龄段的劳动力成为一场噩梦。年长的员工似乎成为系统运转的绊脚石，而年轻的员工又往往入职不久便会跳槽。企业不得不竭尽全力激发婴儿潮一代的积极性，同时为迎合千禧一代，企业还提供游戏室、健身房、糖果车和按摩服务。身处波诡云谲的职场，企业老总往往茫然无措。

首席执行官采取何种策略才能发掘其员工队伍中不同年代员工的潜力？管理人员如何利用薪酬向员工施压？人事主管如何塑造包容的企业文化，以激发各阶层、各年龄段员工的最佳状态？企业组织如何做到比竞争者更好、更快、成本更低、效益更高？这些都是我们在与北美大大小小的企业合作的过程中，一直在问的问题。你正在翻阅的这本书，正是我们的研究所得，以及我们为这些问题找到的答案。虽然我们的建议不一定都是普遍适用的，但我们提供的解决办法、提出的模式、给出的策略都是经过实践检验的，它们也许能提供你正在寻找的答案。这就是我们创作此书的初衷——为将老龄化劳动力转化为竞争优势提供新的见解和策略。

工作场所变化、就业模式转变以及劳动力策略都是热门话题，吸引大批学者和企业分析师对其进行大量的研究，为该领域未来数年的发展提供充足的资料，而笔者关注的则是更加实际和紧迫的问题。由于企业经营者关注的是充实劳动力与人才资本最大化，所以我们更加侧重于分析研究人这一因素。你可以说我们是剑走偏锋，但我们认为人员结构是明智的企业必须利用的唯一的、最大的竞争机会。不仅如此，我们还认为这一要素应尽快得到所有企业的重视。

今天的职场已经与十年前的职场大不相同了。近年来，复杂的时代、复杂的技术、棘手的社会难题交织在一起，制造了一个时常令人感到纷繁复杂的、既难以规划又难以描述的混乱局面。但是，我们看到的是乱中有序——我们发现了一些模式，并将它们组织成一个实用的模型，这样管理者就能够理解当前的动态形势，有效地调整劳动力策略，以适应他们正在经历的种种变化。

我们认为，人才革命已经在悄然进行了。我们的工作、查阅的文献，以及专项研究与分析使我们一致得出了以下结论：未来的工作正在被技术与人才驱动的创新塑造，这一点可以用五大驱动力来解释——这些驱动力单独或共同改变着工作完成的方式。我们认为，大多数企业现行的组织结构和文化态度已经陈旧过时，对企业运转没有积极作用，无法调动企业内部的知识资本，而新的思维方式、新的策略和新的模式则可以助力企业发展。文化态度和组织结构上的调整将使最先采用新模式的企业领先于竞争对手。我们对此深信不疑，因为这种情况已经发生在了我们的客户身上。

本书聚焦于劳动力结构的改变对当今企业造成的革命性影

响。经过研究，我们为我们得出的结论与建议锁定了目标群体，这些人身处企业生存、发展与未来规划的大背景下，必须携手并肩才能在瞬息万变的职场中如鱼得水、应付自如。这些人包括：首席执行官，他们关注新的劳动力结构、市场与环境，以及这些因素如何加速或阻碍企业战略的实施；人力资源主管，他们发现自己正处在重大变革的最前沿，而这些变革恰好发生在他们的职责范围之内；还有基层管理人员，他们虽然经常与员工进行具有职业导向性的、与人才相关的对话，但对于职场的变化缺乏足够的了解。

笔者将本书划分为三个部分，并以论述为何要加入这场革命开篇。在第一部分，我们"以小见大"，提供了一个新模式来对当今职场的问题进行分类和梳理，这样便于上述三类管理者掌控各自必须应对的变革力量。我们证实企业内存在所谓"失灵的人才扶梯"[①]，即这样的职业道路会使婴儿潮一代要么完全退出劳动力市场，要么在职业生涯的最后几十年里碌碌无为。据我们判断，在到达退休年龄之后，人们往往还有一个未被发掘的工作阶段，我们称之为"传承职业"阶段。我们将结合职场现状来阐述这些问题，并分析雇主与雇员是如何错失从被忽视的职场阶段获益的重大机遇的。

---

① "失灵的人才扶梯"（Broken Talent Escalator）与下文"传承职业"（Legacy Career）两个术语都是挑战工厂有限公司（Challenge Factory Inc.）的注册商标。本公司保留所有权利。

在本书的第二部分，我们提出了衡量标准，以破除使企业陷入陈旧思维、阻碍其人才资源发展壮大的五大误区：

- 高薪的误区。
- "保质期"的误区。
- 浪费预算的误区。
- 生产力下降的误区。
- 代际绩效特征的误区。

在揭示真相的同时，我们还将企业中那些未被关注的、未得到满足的潜在需求提了出来，而这些需求正是当今劳动力结构失衡的根源。

在本书的第三部分，我们提供了一些可操作的方案，并将它们按照适用的领导角色划分为不同的部分。这部分分别为首席执行官、人力资源主管和基层管理人员提供了重点关注领域和行动建议，他们中的每个人都会发现自己正在面对人才革命的不同表现特征。

我们通篇提倡将职业发展作为一门重要学科，对其进行更深入的了解和实践，从而帮助管理者应对人才管理和职业模式带来的挑战。我们通过列举事例、介绍方法和工具，来提升员工的绩效、参与度，以及不同年龄员工的共事效率。我们还引入了新的方案，将传统的进入退休年龄阶段转化为一个富有成效的、有意义的职业生涯阶段——在这一阶段中，企业内部的老龄群体将使个人、组织和社会三方共同获益。正如前文所述，企业将从这一转变中获益。

 在阅读此书的过程中，读者可能遇到亟待解决的难题，此图标将指引你在本书第三部分找到适用方案。

俗话说，有的人看见光便改了主意，而有的人感觉到热才会转变想法。我们的目的就是为你提供你所需要的信息，使你调整观点，改变预期，进而激发整个团队的活力，并使你从中获益。鉴于此，我们提出了一种新的方法，用来理解和管理在当今职场中发挥作用的五大驱动力。

我们合作过的一家制造企业发现自己陷入了困境。目前，这家企业有55%的员工（以及67%的领导人员）到了退休年龄，他们逐渐意识到近期对应届毕业生的集中招聘并不能填补企业将要面临的知识和领导人才的重大缺口。不难预测，接班人危机一触即发。基于该企业员工的平均退休年龄，以及对养老金计划中激励措施的了解，我们的分析结果表明，若不对员工职业周期进行深刻反思，缺少获取、保留和转化知识的新方法，该企业将于2022年碰壁。员工接班时间的不确定及其影响会产生高昂的代价并破坏职场文化。本书提到的两种解决方案——帮助企业理解"失灵的人才扶梯"概念,教其利用毕业生节省时间和经济成本——使该企业避免了昂贵而危险的"坐以待毙"的方法。

还有一家拥有120多年历史与文化的金融服务企业意识到,未来的业务需要其对核心关系进行一次全面反思。自创建以来,该企业一直是传统金融产品与服务的提供者,有着相对稳定的客户群体,但其想要转型成为一个灵活的技术平台与服务提供商,以适应新的市场和技术条件。它的目标是成为一家专注于金融服务市场的技术企业。这类重大企业转型是极具挑战性的,高管当然想知道老员工是否能胜任未来的工作。我们立刻意识到,恰恰在企业需要来自高层的强有力的文化领导时,企业高层领导的参与度却在下降。不仅如此,有关不同年龄员工的刻板印象和传言比比皆是。因此,在转变企业文化时,高层领导认可婴儿潮一代对于职业变革的终身作用是至关重要的。此外,领导者应该深入了解50多岁、60多岁、70多岁甚至更大年龄员工的需求,以便高龄员工最大限度地发挥自己的能力并继续投入工作。该企业的情况需要核心关系的彻底转变,这是确保守旧派(即婴儿潮一代)理解新目标,积极助力企业——一个他们为之工作了数十年的企业——在新的经济形势下茁壮成长的一个重要部分。

我们与高层领导对话的内容仍在不断变化,从对劳动力数据的好奇,到检测劳动力参与度的新方法,再到整合我们的解决方案,以提升跨代劳动力的工作效率。

到目前为止,这方面还没有指导手册或有效的模型,也没有明确的前路可循。本书将改变一切。我们呼唤人才变革的拥护者,准备去引导变化吧!

第一部分
未来的工作：理论模型与框架

1 未来的工作与人才革命 3
未来工作的五大驱动力与人才革命 / 5
人员结构与寿命延长的影响 / 6
界定"年长员工" / 6
将人员结构作为竞争优势 / 9
技术革命开启人才革命 / 11
要点汇总 / 13

2 社会革命一览：欢迎进入革命浪潮 15
过去的职场革命 / 18
革命模式 / 22
"千年虫事件"催化变革的启示 / 27
对驱动力影响的评估 / 30
第四次工业革命浪潮 / 35

人才革命的预兆 / 36

人才革命的趋势 / 39

追求工作与生活的平衡 / 40

职业自主权重现 / 41

不确定时代的开始：自由职业经济 / 48

自由职业经济与老龄化劳动力 / 54

要点汇总 / 57

3 职业与工作一览：婴儿潮一代是革命的主力军 ………… 59

现实1：过去对劳动力的预判已不再可靠 / 61

现实2：职业能力是必备的 / 65

现实3：职业模式变化影响所有年龄段的人 / 69

新职业生涯阶段改变职业时间线 / 72

企业必须适应新的职业现实 / 79

老龄歧视：最后一种被"默许"的歧视 / 83

年龄与技术 / 88

职场已与昨日不同 / 92

要点汇总 / 94

4 企业一览：失灵的人才扶梯 ………… 95

企业人才阶梯 / 96

你的人才扶梯为何失灵 / 101

转移与发展顶端人才 / 101

重视审视"劳动总量" / 103

人才扶梯失灵的代价 / 105

要点汇总 / 109

第二部分
纠偏补弊　拨乱反正

5　从理论到实践：误区与谎言的代价 113

严格破除误区之法 / 117

6　成本误区 123

高薪误区 / 124

实际情况 / 125

要点汇总 / 133

浪费预算的误区 / 133

实际情况 / 137

要点汇总 / 142

7　最佳绩效误区 144

"保质期"误区 / 145

实际情况 / 145

要点汇总 / 153

生产力下降误区 / 153

实际情况 / 154

要点汇总 / 157

有关某代员工绩效特征的误区 / 158

实际情况 / 159

消除基于年龄的职场环境 / 169

要点汇总 / 169

8 化谬见为明智策略 172

老龄化劳动力将进入今天的工作环境中（如果他们还未这么做的话）/ 174

事例：社交媒体的运用 1 / 176

事例：社交媒体的运用 2 / 177

第三部分

利用代际劳动力

9 聚焦：工具与方法 183

不同角色的不同行动 / 184

要点汇总 / 186

10 首席执行官的关键行动 187

长寿的竞争优势 / 187

区别资产与权益至关重要 / 191

将人才视为权益的新思想 / 192

资产负债表思维 / 193

给首席执行官的建议 / 194
给人力资源主管的建议 / 195
给具有年龄意识的首席执行官的建议 / 198
首席执行官的行动方案 / 200
要点汇总 / 201

11 人力资源主管的关键行动 ··· 202
用革命时代的文化模型为员工队伍注入活力 / 203
通过规范传承职业，从中受益 / 209
人力资源主管的行动方案 / 215
要点汇总 / 217

12 基层管理人员的关键行动 ··· 218
给基层管理人员的建议 / 220
培训管理人员识别潜在需求 / 222
拒绝将容忍敷衍塞责当作善行 / 226
基层管理人员的行动方案 / 227
要点汇总 / 228

13 从人才革命到未来的工作 ··· 229

致谢 ··· 235

参考文献 ··· 241

第一部分

未来的工作：理论模型与框架

第一部分 未来的工作：理论模型与框架

1
未来的工作与人才革命

未来工作面临的五大问题

在世界各地，学者、智库专家、咨询顾问和活动策划人都沉迷于探讨大量的有关未来工作的话题，这种构想需要超前的眼光来想象从现在到 2030 年工作格局将发生怎样的变化。

"未来的工作"这一概念依然处在萌芽阶段，尚未形成统一的定论。但是，从国际劳工组织（International Labour Organization）到考夫曼基金会（Kauffman Foundation），从德勤管理咨询公司（Deloitte）到麦肯锡公司（McKinsey），所有组织一致认为，探讨未来工作的重要基础包括分析、研究、寻找方案，以及关注技术将如何改变工作的性质。世界经济论坛（World Economic Forum）发起了名为"为未来的工作做好准备"的项目，声称："随着技术的加速发展，曾经被认为是人类专属的认知能力与认知活动正越来越多地被机器拥有，人们越来越担心这会对工作造成影响，同时给政府、企业以及人类自身带来后续风险。此外，全球化、人员结构、气候变化与地缘政治变化已经对职场环境产生了重大影响。"（世界经济论坛，2018b）

随着科技、社会流动和人际关系的发展，未来的工作需要新的组织视角和权限来创造一个更人性化的职场。的确，不断变化的职场环境仍有许多方面的课题等待研究者深入探究，但这些领域的学术研究刚刚起步。

我们将在第2章和第3章中探讨工作场所与职业模式对未来工作的影响。但我们关注的并非科技，而是变化的职场环境对人造成的影响，以及老龄化的劳动力给那些正在努力应对未来十年工作方式变化的企业带来的机遇。

高效的领导明白，脱离现实空谈战略规划和设定现实目标是愚蠢的，必须结合现实。环境分析可以得出现实情况，劳动力规划也有同效。对机遇、障碍及影响的分析能帮助你做出明智的决定。本章研究环境因素，并提出了一个新模型来理解当今的职场动荡，为你应对未来工作提供了所需的背景信息。

未来工作的五大驱动力与人才革命

在探究众多企业案例的过程中，我们积累了丰富的经验，确信雇主和雇员都在与同样的五个因素博弈：人员结构、职业所有权、自由职业经济、新兴平台，以及人工智能和机器人技术。我们将这些问题概括为塑造未来工作的主要影响因素——五大关键驱动力，我们称之为"泰勒五驱动模型"（Taylor's Five Drivers）。乍看之下，这些因素互不相干，但细想便知，它们共同描绘了当今的职场环境。它们是5股此消彼长又相互交融的力量，共同掀起了当今职场的惊涛骇浪，我们将在接下来的章节中探讨它们的影响，同时继续关注寿命的延长对重塑当今职场人员结构的作用。

泰勒五驱动模型

人员结构与寿命延长的影响

显然,这五大驱动力并非都处于相同的成熟阶段,值得注意的是,此刻我们正在经历的是与第一大驱动力——人员结构——直接相关的变化带来的阵痛。自2011年第一批婴儿潮一代年满65岁以来,年长员工就开始遍布于企业之中。人类寿命延长确实对劳动力结构产生了影响,使企业产生新的规范和期望。聪明的领导者会意识到解决第一大驱动力的紧迫性,同时还会为应对其他几大驱动力即将引发的混乱做好准备。作为一剂催化剂,第一大驱动力——人员结构,将人力资源、劳动力规划以及与职业相关的课题从功能性提升到战略性,甚至可能是关乎企业存亡的高度上。

界定"年长员工"

在学术界,人们对于"年长员工"的定义莫衷一是。一些人选择按照法定年龄(发放养老金与福利)来判定;另一些人则采取人生阶段的判定方法,认为实际的数字年龄不如社会心理特征重要,因为后者体现的是一个新的人生阶段的开始。在我们的工作中,相较于基于实际年龄给出行动建议,采用人生阶段的方法被证实更有效——这使"年长员工"成为一个难以被明确界定的概念。可能有些55岁的员工已经进入新的人生阶段,而有些67

岁的员工还没有。事实上，一项在爱尔兰开展的涵盖所有行业的研究发现，"年长员工"的标签已经开始被贴在许多40多岁的员工身上。该研究探讨了管理者如何考虑使用实际年龄以外的其他指标来制定组织决策（麦卡锡等，2014）。

在工作中，我们常常听说年长员工被冷落的原因是"缺乏敬业精神"。有关提升各年龄段员工群体敬业度的研究数不胜数，但正如詹姆斯（James）、麦基奇尼（McKechnie）和斯万博格（Swanberg）（2011）指出的，很少有专门针对年长员工敬业度的研究。这几位作者参考了过去有关互惠关系的研究，在该关系的作用下，雇主的想法会使雇员产生共鸣，继而提高雇员的绩效表现和效率，并使雇员关注个人和企业收益的改善。他们对6047名零售业的年长员工进行了研究，重点是确定雇主的哪些行为会最大限度地激发这些员工的积极性，使他们表现出超越基本工作需要的自主行为，积极参与组织事务（詹姆斯、麦基奇尼、斯万博格，2011）。其他有关互惠关系与年长员工敬业度的研究表明，45岁至60岁的年长员工的敬业度的确有所下降，因为他们默认自己的职业生涯即将结束，而雇主对于他们未来所能做出的贡献即使不是完全否定，最多也就是半信半疑（凯特等，2005）。有意思的是，詹姆斯、麦基奇尼和斯万博格（2011）指出，这种趋势在60岁以上的员工中发生了逆转，他们试图找出究竟是哪些工作条件提高了年长员工的敬业度。

作家兼顾问丹·平克（Dan Pink）在他的 TED 演讲与畅销书中解答了"动机之谜"。平克认为，动机取决于 3 个基本要素：自主性、掌控性和目的性。有趣的是，在过去的 40 年中，行为科学家已经证实了内在激励比外在激励更有效。2013 年布莱辛怀特公司（BlessingWhite）的有关员工敬业度的研究报告，以略有不同的措辞得出了与平克相同的结论，支持他的观点。该报告称："对于大多数员工来说，能提高他们敬业度的几大因素依然是明确企业的优先事项、获得反馈、有机会使用技能，以及职业发展。"（布莱辛怀特公司，2013）换言之，钱并非主要的激励因素。

我们不禁要问，如果科学研究已经发现了这一点，为何企业还是没能重视。不仅如此，那些已经意识到这一问题的企业似乎往往只将这些发现应用在年轻的员工身上。我们认为，内在激励因素在职业生涯的每个时间节点都驱动着员工的敬业度。实际上，研究表明，当满足特定的工作条件时，有关年长员工的那些谣言就不攻自破了。在有包容文化的企业里，年长员工比年轻员工成本更低，他们与年轻员工一样乐于接受培训，一样有着很高的工作积极性和工作效率——这是我们将在第二部分探讨的话题。

行动指南：对盛行的谣言感到好奇吗？想了解更多，请跳至第 5 章。

误解或低估职场老龄化现象带来的商业影响,使我们不得不首先聚焦未来工作的第一大驱动力,并找出应对的可行之策。我们对加拿大和美国的企业进行的研究表明,虽然其他四大驱动力也参与塑造未来的工作,但眼下人员结构中出现的寿命延长现象正在对工作环境产生深远影响,迫使企业必须立即采取紧急措施以应对跨代劳动力共存的形势。

若想将今天的劳动力人员结构转化为竞争优势,你就必须转换视角,放眼未来。千禧一代既不是你的救星,也不是来折磨你的人。此外,成熟员工更有可能成为技术奇才,这与人们对他们的一般认识有所出入(史密斯,2014)。旧的组织结构图已然过时,智力资本正在流失。我们每天都在目睹这一现象,所以对此深信不疑。

将人员结构作为竞争优势

对于挑战现状,我们信心十足。我们围绕当今职场生活的现实与人员结构的转变,提出了一种新的思维方式。我们的经验表明,只要得到适当的关注与支持,调整态度就能克服职场人员失调的弊端——最终实现多方共赢。在挑战现行人才管理与职业模式的过程中,我们认为,企业和管理者都有未被认识到的、潜在的共同需求。通过解决这些共同需求,新的战略思维就能够占据上风，明确的战略行动也将得以实施，你的企业也就成为劳动力转型的先锋。在你拓宽视野去看待工作与人口老龄化之后，你很可能发现一些意外的机会，利用我们提供的一些策略来发掘被低估和边缘化的人才。

  寿命的延长是人才革命的催化剂。

有些企业意识到了塑造未来工作的五大驱动力之间的相互影响，并尽早采取了战略行动对老龄劳动力加以利用，以及不得不以新的方式思考雇主与雇员之间的关系。实际上，在我们重新考虑存在于当今高度网络化的世界中的终生关系的同时，员工的生命周期本身也在发生变化。不仅如此，有关权力、控制与雇佣关系的思维转变将使企业能够利用自由职业经济还未被转化的潜力，而不仅仅是简单地期待用新的灵活性工作来取代全职工作的旧标准。这种权力与控制的转变，亦是人才与技术革命碰撞而产生最大影响的地方。在美国，81%的保险业高管表示，到2020年，基于平台的业务模式将成为其增长战略的核心。这一预测反映的不仅仅是雇佣关系的简单转变，而且涉及新的业务领域、新的市场以及灵活的雇佣关系，企业所做的不再只是提供产品或服务，而是通过为他人的产品和服务提供平台来发展自身——这一变化被形象地描述为自动化技术进步引领的产业"优步化"。了解这些尚处于萌芽阶段的平台，对预测人工智能与机器人技术将如何影响未来的工作具有关键作用。

技术革命开启人才革命

有关未来工作的讨论常常会涉及大量的话题、技术和工具，人们对其结构层次、影响或逻辑操作不甚了解，而这些问题引发了人们的担忧。人工智能会"偷"走所有人的工作吗？今天的工作安排是否注定未来所有的员工都要适应一个现实，即职场的不稳定性将成为常态？全职工作是否会仅存于遥远的记忆中？我们发现，人们的讨论常常集中在技术如何改变工作方式上，却鲜少有人分析人类是如何随着技术进步而改变和重塑职场的。

技术革命的发起者与领导者都知道，人性对于人类自身的进步至关重要。他们认可技术与人才之间的关系。包括Alphabet（谷歌母公司）前执行董事长埃里克·施密特（Eric Schmidt）在内的今天的领导者们，都在讨论技术进步将如何威胁中产阶级的工作与财富。借用施密特的观点，他认为，如果我们能创造出减少就业岗位的技术，就能创造出帮助现有职工进行培训以及增加新的就业岗位的技术（未来生命研究所，2017）。世界经济论坛的创始人兼执行主席克劳斯·施瓦布（Klaus Schwab）教授在2015年发表了如下讲话，他认为人人都有责任准备并引领这场技术革命,"新技术正在淘汰旧岗位……所有人都应该确保自己具备'人才主义'新时代所需的技能——在这个新时代,经济发展背后的驱动力不再是资本或自然资源,而是人类的想象力与创造力"(世界经济论坛,2018a)。随着技术的进步,从零售收银员到司机等一些岗位正在快速消失,谁该对此负责,谁有能力和义务解决与此相关的重大问题仍存在许多争议。

技术变革是一个持续不断的演变过程。实际上,我们认为它已经成为一种"慢性"症状,重要、持续不断且需要长久关注。相反,劳动力变革却常被视为一种"急性"症状,需要立即采取措施来应对偶发事件。然而,无论是技术变革还是劳动力变革都是企业的慢性症状,需要持续进行管理与评估(泰勒,2017)。

细想便知,劳动力短缺、新技能发展以及自由职业者带来的未知影响,都不过是人才革命驱动职场发生变化的实例,其与人工智能一样具有持久且深远的影响。

同样重要的是,经验使我们相信,如果没有一个模型来展示和解释在人才革命中发生的一切,那么人们对关心的问题只会浅尝辄止;并且,只有威胁到企业绩效的问题,才会得到关注,之后这些问题就会被当作谈资而搁置。同样危险的是,需要持续关注的问题却被当成永久的紧急事件,致使企业长期处于重压之下。我们发现,我们的新模型——泰勒五驱动模型,提供了一个

第一部分　未来的工作：理论模型与框架

坚实的结构，使企业的高管团队能够分辨出劳动力变革的表现与诱因。该模型还提供了一种机制来确定解决问题的顺序，发掘潜在的机会。我们已经在制造业、金融服务业、工程与供应链环境等具有很强的适用性和相关性的领域应用了该模型。

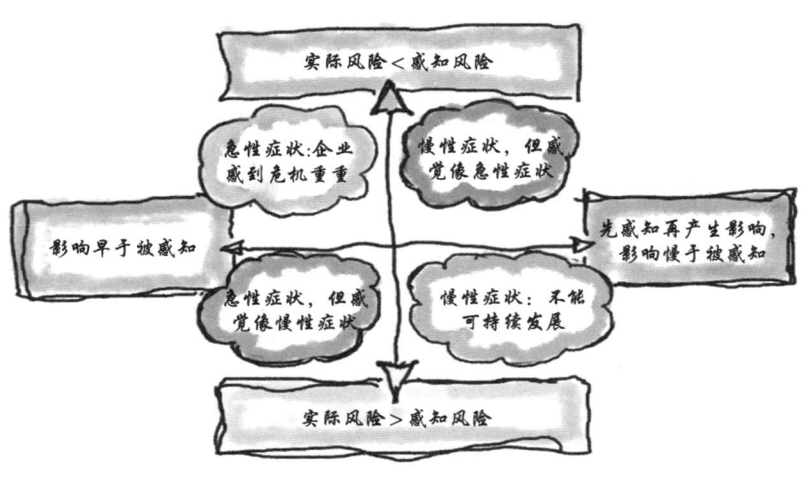

诊断组织变化

要点汇总

- 要想做出有关劳动力规划的明智决定，你就必须对机会、障碍与影响进行分析。
- 对未来工作的学术研究刚刚开花结果。

- 雇主与雇员都在努力应对相同的五个因素：人员结构、职业所有权、自由职业经济、新兴平台，以及人工智能和机器人技术。
- 泰勒五驱动模型是一个用于识别当今职场动态的模型。
- 寿命延长对于劳动力结构的影响在于，企业需要调整规范及其对员工的期望。
- 关于"年长员工"的定义依然众说纷纭。
- 研究表明，当满足特定工作条件时，有关年长员工的错误说法将不攻自破。
- 当今的劳动力结构亦可成为竞争优势。
- 关于权力、控制与雇佣关系的观念转变将使企业能够利用新的劳动力结构。
- 要想预测人工智能和机器人技术将如何影响未来的工作，就必须理解新兴平台。
- 技术变革与劳动力变革是需要持续进行管理和评估的慢性症状。

 行动指南：请跳至第 5 章，找出阻碍企业发展的五大常见误区。

第一部分　未来的工作：理论模型与框架

2
社会革命一览：欢迎进入革命浪潮

人才革命中的职场

在本章中，我们将先从理论视角解读社会革命，然后再聚焦人才革命与诸位在其中扮演的角色。

革命是突发的、激进的、彻底的改变，就是要从根本上改变现状。它们向假设、模型、期望和结果发起挑战，对那些较早地嗅出剧变气息并担任领导角色的人来说，革命既有风险，又有机遇。革命通常会被染上一层暴力色彩，我们使用"革命"一词来指代一个颠覆性的巨变与影响。对于不同于社会变革的革命，学界存在许多相互矛盾的观点与定义。政治学与社会学研究者已经分析得出了不同类型的革命行动的标准——这些标准同样适用于人才革命。比如，按照作家兼研究员特德·罗伯特·格尔（Ted Robert Gurr）的标准，当今基于人员结构的劳动力变革可以被认为是一场革命，因为它满足了5个关键条件：（1）它影响了价值观、规范、行为模式及具体情境；（2）这几方面的转变同时发生；（3）作用范围广，职场内所有人受其影响；（4）变革模式可以被理解和预测；（5）当下，变革正在发生，而且变得越来越紧急（格尔，1973）。

按照这些标准，我们可以确定革命中那些即时的、关键的方面，同时也能看到这些突出的因素造成了长期的慢性状况，我们必须对其加以了解和解决——革命影响远不只是其瞬间产生的直接影响。在本章中，我们将对人才革命进行定义与探索，研究紧迫需求与长期慢性影响的实例。

自19世纪中叶工业革命席卷北美以来，职场就一直处于不断变化之中，但并非所有时期都满足格尔提出的革命性变革五大条件。有些变化是渐进式的，而另一些变化则是意义重大的转折，它们在影响、规模、范围和挑战性方面都是革命性的。短短几代人的时间，人类已经从农业社会过渡到城市社会，从分散式工作过渡到集中式工作。人类已经将重心转移到自动化与大规模生产上，从而取代了工匠及其技艺。原来的单一商品市场已经过渡到万物互通的商品市场。

单向服务型经济转变就会对劳动力产生深远影响。不仅如此，以机器取代工人的技术快速发展，甚至被应用于服务行业，这也使许多人对未来的工作产生疑问，因为这关系到那些自身技能不太可能随着时间流逝而提升的人，其中包括中产阶级和年长员工。杰弗里·萨克斯（Jeffrey Sachs）教授在未来生命研究所发表的演说中，阐述了技术进步对美国中产阶级造成的深远影响（未来生命研究所，2017）。他指出，直到最近几百年，"工作"还一直与持续而艰苦的重体力劳动有关。萨克斯引述了在过去两个世纪中工作方式发生转变的两个具体趋势，我们要探讨的恰好也与此相关，分别是：（1）体力劳动的减少；（2）工作时间的缩短（未来生命研究所，2017）。在萨克斯对当今职场的看法中，最引人注目的是，他断言，我们今日目睹的变化——无论是技术上的还是人员结构上的——都是长期变革模式的一部分。这些变化因近期的飞速发展而变得至关重要，但它们对经济学家与商界领袖来说是全新的概念。我们正在经历的变革是长期的、至关重要的。

为帮助读者理解今天的人才革命，我们会对变革的各个方面进行解释，然后将它们应用到我们对职场的研究中。我们注意到，有三个关键原则能够帮助我们解释工业革命的历史细节及其对劳动力的影响，从而阐明当今职场中的领导者面临的革命性变革。这些原则是：

今天的人员结构变化是一个漫长的革命周期的一部分。

1. 职场曾经历过变革。
2. 变革看上去杂乱无章，实则遵循一定的模式。
3. 只有在重新确立稳定状态之后，赢家和输家才会显现出来。

过去的职场革命

与北美各地人力资源主管的讨论让我们意识到，数百年来，职场一直在发生变化，并对各种变革因素做出反应。然而，随着人员结构与就业模式发生转变，并对现有的政策、程序、关系与结果构成挑战，领导者不得不相信自己正在未知的领域内苦心经营，他们的经历是绝无仅有的，或者说他们面临的挑战是前所未有的。不过，在过去的职场革命浪潮中还是有许多值得借鉴的地方。而且，结合历史背景来看待劳动力，可以确保当今的领导者及其员工在革命大潮中劈波斩浪。

正如施瓦布在 2016 年所说的那样，第一次工业革命的浪潮通常被认为与技术（蒸汽动力）的引入有关。它这改变了商品的生产与运输方式，使人类对体力与技能的依赖减少，也有人将其形容为"从农场到工厂"的转变。第二次革命浪潮则与实现大规模生产的技术有关。在两次革命浪潮中，关键性变革都与商品生产方式和生产地点有关。由于造成灾难性的业务中断与实际工作岗位的削减，两次革命都对劳动力产生了重大影响。但是，两次革命也产生了新的工种，创造了新的工作机会。同样，随着工人从手工业转向大规模生产与分销，新岗位取代了旧岗位。之后，20世纪初，女性开始更多地参与到雇佣劳动中。这改变了劳动力的构成，也挑战了世人长久以来基于性别的对工作角色的看法。

第三次工业革命浪潮也是以技术为基础的，同样具有破坏性，甚至可能更具有破坏性。第三次浪潮——通常被称为技术时代或技术革命——以超级计算能力为技术进步的标志。与此同时，知识的价值在不断增加（施瓦布，2016）。

按照《经济学人》（*Economist*）的作者兼新闻编辑瑞安·埃文特（Ryan Avent）的说法，"20世纪末，计算技术与信息通信技术的进步掀起了第三次发明浪潮，同时造成了经济秩序的混乱，这注定会释放社会压力，并促成经济转型。这次革命是由几项技术驱动的，包括机器智能、无处不在的互联网及先进的机器人技术。这些技术能使多项令人瞩目的创新成为现实，比如无人驾驶汽车、无人机、即时翻译数百种语言的机器，还有消除医患、师生之间空间阻碍的移动技术。数字革命能否创造大量就业机会以弥补其造成的大批就业岗位的流失，仍有待观察"（《经济学人》，

2014：1）。

世界著名未来学家兼作家阿尔文·托夫勒（Alvin Toffler）认为，第三次工业革命浪潮对社会、政治、经济与工业结构产生了全面影响，正如城市取代农业社会，脑力工作取代体力劳动一样（托夫勒，1990）。社会与政治结构的变革是工作地点、工作方式与工作人员转变的结果，这些变化制造了新的紧张态势，因为人们的工作价值观发生了转变。实际上，随着获取数据的途径越来越多、使用数据的方法越来越多，我们知道的事——我们的智慧——成为重要资本。

―――――― 实 例 　 观 察 ――――――

技术革命包括互联网进入人们的日常工作与生活。20世纪90年代中期，作为一名技术顾问，泰勒帮助一些考虑使用互联网并关心由此带来的巨大商业影响的企业进行了早期的探索。对一些企业来说，尽早采用新技术对于它们的战略规划与运营至关重要。有些企业则不以为然，主要是因为仍缺乏证据表明互联网真的能够产生预期的变革性影响。职场中发生的在今天看来十分显著的变化，在当时并不显眼。泰勒预测，到2030年，当婴儿潮时期出生的最后一批人迈过65岁的门槛时，职业生涯延长到70多岁的现象将变得像企业网站一样普遍。

这种组织变革对人力资源部门与员工的职业发展影响重大。2011年，加拿大研究员汤姆·齐齐斯（Tom Zizys）发现了20世纪80年代末一个关键性的企业转变。在当时，企业都是高度整合的，具有多种职能的运营部门组成企业内部既独立又相互联系的业务单元，后来这些业务单元逐渐转变为由企业内部或第三方参与运营的网络单元。在新模式中，运营部门既可以由外部合作伙伴代为运营，也可以由内部部门负责运营。劳动力所有权转移到了企业外部，一个新的模式诞生了。在该模式下，所有的一切，甚至实物生产，都可以作为一种服务来外包。

> 随着职场变迁和时间流逝，个人得到或失去对自己职业生涯的控制权。

商业史学家与经济学家一致认为，目前人类已经进入第四次工业革命大潮。这次革命最重要的是自动化技术的影响（施瓦布，2016）。正如施瓦布（2016）所说，这场革命刚刚开始，它标志着我们的工作方式与生活方式的根本转变。

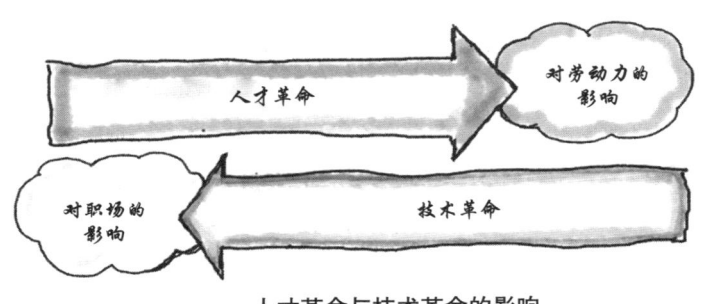

人才革命与技术革命的影响

施瓦布（2016）说这些技术虽仍处于萌芽阶段，但已然对商业、社会、团体与个人造成了巨大影响。他提醒我们注意变革的规模、速度和范围。这是一个不可预测的变革时代，眼下正在进行与技术变革同步的人才革命。我们即使匆匆一瞥也能发现大规模的变革正在悄然发生。

当面对人才革命时，有些问题将成为我们理解未来十年里工作、劳动力以及职场如何演变的关键。例如，何人负责何种工作，如何评价该工作的价值，哪些模式可以同时优化个人与企业的绩效等。直到变革全面涌现，之前无形的、被隐藏的或被低估的人才库才会显现出来。先人一步了解即将发生的事，意味着你能从这些人才库获得先发制人的竞争优势。

> 理解革命可以建立早期的竞争优势。

革命模式

20 世纪 60 年代，大卫·阿伯利（David Aberle）提供了一种思考社会运动的新模式。他的研究重点关注的是社会运动所需的各种资源，以及如何调动这些资源来实现社会运动的目的。在阿伯利的模式中，他根据以下两个问题的答案来区分运动的类别：（1）改变对象是谁？（2）改变程度如何？这两个问题的答案让阿伯利将导致每个人都发生根本性改变的社会运动称为"革命性社会运动"。虽然阿伯利的模型受到了一些批评,尤其是它强调资源是社会运动的必要条件,但它提供了一个有用的视角,让人们能更清晰地看到当今职场的现状。阿伯利对社会运动与社会变革的分类就像格尔判定不同革命的标准一样,这些都让我们认识到,对于我们服务的企业来说,这些时期都不是企业生命周期中的普通时期。除常规的商业周期与市场周期外,首席执行官、人力资源主管与基层管理人员还与基于人才的革命进行抗争。这是一个长期的社会转变过程(阿伯利,1966)。

因为革命和运动都遵循一定的模式,所以我们可以从过去的革命中推断并预测出人才革命的后续阶段将会发生的情况。在我们的模型中,我们认为,任何革命性变化在发生或完全转变之前,都一定会出现三个阶段。

在第一阶段或早期阶段,人们的注意力主要集中在各种各样的专家与信息源上。坊间流言四起,处处洋溢着激动与兴奋的情绪。数据、观点、研究与经验在业内呈现井喷式增长,所涉及的领域包括技术进步(助推工业革命大潮的燃料)、社会与政治倾向,以及新的思想、观点和模型。在这一阶段,这些早期思想与观念之间可能存在联系,但这种联系是脆弱的、模糊的、混乱的,因为它们尚未统一或融合。

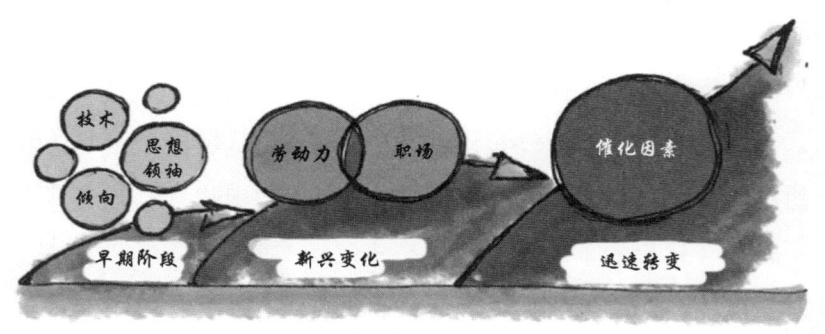

革命的三个阶段

相反，这场革命的许多方面对个人与群体来说都是有待探索的独立领域。

> 革命的早期阶段是无组织的、混乱的。

随着革命势力不断积聚力量，关联性不断增强，它们开始围绕共同的主题联合起来。人们普遍认为，当思想、行动或观念统一时，正向的结果就会被加强。

———— 实例 观察 ————

2016年9月，泰勒作为主持人参加了一场为期一天的高级人力资源领导人峰会。与其他会议不同，这次会议完全是由基层组织发起的。来自不同企业的志同道合的人力资源主管组成若干小组，共同探讨"未来的工作"。他们抱怨，现有的培训项目与会议缺少他们渴望的宏观战略性的、着眼于未来的议程和讨论，相反,现有的议题都是微观战术性的,其焦点也全然不是革命性的。他们没有寻求行业协会或咨询组织的帮助,而是联合起来创办了自己的峰会,还有赞助商、主题演讲人,甚至还以大学环境为依托。

在短短几个月内,已有60多位同仁参加了会议,会议围绕未来思维、战略技能发展、团队建设与设计思维等内容展开。与会者们自然而然地探讨了他们的员工面临的职业挑战与企业为启动人才革命可能采取的早期尝试之间的矛盾。作为一个团队,他们总结出了一些人力资源主管可以采取的突破性的、颠覆性的行动,来主导企业未来几年的战略议程。

今天,革命者总会在意想不到的地方偶然相遇——凭借新技术,他们有时相遇,有时不会相遇,但他们几乎是沮丧地伸出手,期望能与其他有远见卓识的革命者取得联系。

改革总是困难重重的,如果没有某种能够推进改革的因素,那么改变是很难被接受的。因此,即使思想、倾向和进步趋势在共同的主题下达成统一,新的革命模式与原则要想被广泛接纳,也要等到某种外部的催化力量发生转变才行。那时,变革的美好前景才会成为主流民众的普通认知。

当思考职场中正在发生的事情时,我们不禁联想起推动技术革命向前发展的一种特殊催化剂。1999年,人们的关注与努力都显著地集中在迎接新千年的准备工作上，几乎所有人都对与"千年虫"（Y2K）相关的技术问题感到担忧，他们担心技术会对他们的日常生活造成影响，即使对技术毫无兴趣的人也不例外。他们担心即将到来的世纪之交将会以激烈的方式影响每个人。在将澳大利亚为应对千年虫问题筹备的 120 亿美元的应急准备金记录在案之后，澳大利亚应急管理部的巴里·斯坦顿（Barry Stanton）提出了这样一个问题："这样做值得吗？"他的结论是，应对千年虫问题的准备活动的真正价值就藏在那持久而永恒的根本性转变中，这种转变促进了技术、应急准备以及互联互通等领域的显著进步（斯坦顿，2000）。

在与个人和企业进行的大量合作中，我们发现，创新在不断变化的劳动力（雇员/职业）与职场（人才管理/职业道路）的利益交汇处蓬勃发展。我们的观察既有微观层面的（关注个体员工的经历与故事），也有宏观或社会层面的（关注转变的过程、稳定因素与变化）。在理解这两个层面如何相互关联的过程中，我们发现思想领袖和作家迈克尔·克洛泽尔（Michael Crozier）对组织分析的看法十分有帮助。克洛泽尔（1972）指出，长久以来，社会学家一直在微观层面推断观测结果，用以创建模型来解释宏观层面的变化。他批评这种方法，称研究微观社会学影响的方法往往并不实用，不足以被用来进行可靠的宏观分析。他呼吁使用新方法来从社会层面上理解个体的社会变革经历，并要求社会学家重新审视组织分析的价值。组织分析是从文化的角度分析究竟是什么使特定的人和过程与众不同，分析这些因素是如何协作的，它们彼此有何影响，个体如何影响整体，整体又是如何改变个体的。在通常情况下，有关变化的职场的讨论，或者更确切地说，有关变化的职场人员结构的讨论，都会涉及若干不同的观点，这些观点或针对个人，或针对与企业、行业和整体经济相关的特定模式。我们认为，这种从微观社会学分析到宏观社会学分析的转变表明，我们每个人都是这场革命的参与者。我们的分析与建议兼顾对个体劳动者的微观影响与塑造社会未来工作的宏观变化，我们将在下文中探讨这一话题，但首先让我们看看我们是如何走到今天这一步的。

"千年虫事件"催化变革的启示

在第三次工业革命——技术革命——的浪潮中，迫在眉睫的千年虫危机成为引发重大变革的催化剂。早在1999年之前，互联网技术就已经被众多企业提上了议程，但技术的重大变革性作用之所以得到重视，是因为人们担心千年虫问题会在世纪之交的午夜钟声敲响时到来，企业与个人的活动都将因此戛然而止。当然，到了1999年，无论是技术爱好者还是技术恐惧者，都变得与技术密不可分，大家都害怕技术的"中断"将在各个层面上造成灾难性后果。事实上，在那个新年前夜——也就是迎接新千年的前一夜，有数量惊人的人睡在办公室里，随时准备在必要时介入，以避免这场预想中的灾难。

今天的催化剂不再以技术为基础，相反，它与人才革命的第一大驱动力——因寿命延长而人员结构发生变化——有关。预期寿命的延长迫使我们永久地改变对预期工作寿命的理解。寿命延长成为一剂催化剂，使得人员结构成为影响未来工作的五大驱动力中最成熟、最可预测的因素，因此我们要关注它。

在过去的5年里，泰勒及其团队与众多人力资源主管及企业领导交谈过，他们发现高管们都有一个担忧：他们害怕在不久后的某一天，所有具备退休资格的婴儿潮一代的员工都将来到办公室递上辞呈——这些都发生在同一天里。一想到自己没有计划，没有获取知识的途径，主要领导与专家级别的员工岗位出现重大空缺，企业高管们就不寒而栗。实际上，即将到来的大规模退休的危机似乎成为触发人才革命的关键问题。但撇开这些表象，人才革命的影响范围要远大于劳动力老龄化对未来10年的影响，到2030年，那时婴儿潮一代的最后一批人都将迈过65岁的门槛。人才革命是一场长期的社会变革，它将推动职场产生新的职业对话、模式及工作方法。寿命的延长位居五大关键驱动力之首，它已经在悄然改变着企业。然而，作为一种催化因素，它却往往被忽视、误解，甚至被误认为是一种短期现象。

当然，我们都知道大规模退休在一天之内集中爆发的情形不可能发生，但作为一种变革的催化剂，它是否真实发生并不重要，重要的是它已经在许多企业内部唤醒了人们的忧患意识。最近，有一位人力资源主管报告，他的招聘团队需要花费比平时多5倍的时间去招聘新员工，以填补今年预期的500多个职位空缺。另一位副总裁则请泰勒帮他物色33岁就从部队退役的退伍军人，来填补他们即将出现的职业领导的缺口。从我们应对千年虫问题的经验来看，大多数人——尤其内部技术圈外的那些人——会将2000年的1月1日称为"乌龙日"，因为当午夜钟声敲响时，最糟糕的情况并没有发生。虽然一场由技术驱动的灾难并未发生，但那一天丝毫不影响我们认识到技术对我们的工作与个人生活的重要性和关联性。

同样，新兴的更加具体的退休模式也不会按照人们此前预测的那样发展，但大规模退休的危机足以引发人们对它的恐慌，继而引发人们的关注、担忧与行动。恐惧驱使我们积极应对人才革命，在这场革命中，对劳动力的关注变得至关重要。不过，随着改革的深入，劳动力市场的动态变化仍然是常态。

职业传承：长寿时代的人力管理

对驱动力影响的评估

在 2015 年的冬天，900 多名来自加拿大与世界各地的职业与人力资源方面的专家齐聚渥太华，参加在该地举办的一场全国职业发展会议——迦尼萨斯 16 峰会（Cannexus16 Conference）。这些代表了加拿大各地不同组织的专家学者涵盖职业教育、咨询、发展及就业等领域。在泰勒主持的一场座谈会上，她邀请与会者就他们认为的人才革命的重要方面谈谈看法。虽然他们确定了几十个主题，但这些职业专家与人力资源主管却一直在讨论当今劳动力结构的不稳定性，他们十分担心失去福利、稳定可靠的工作这样的保障会造成更大的经济与社会影响。当时，大多数

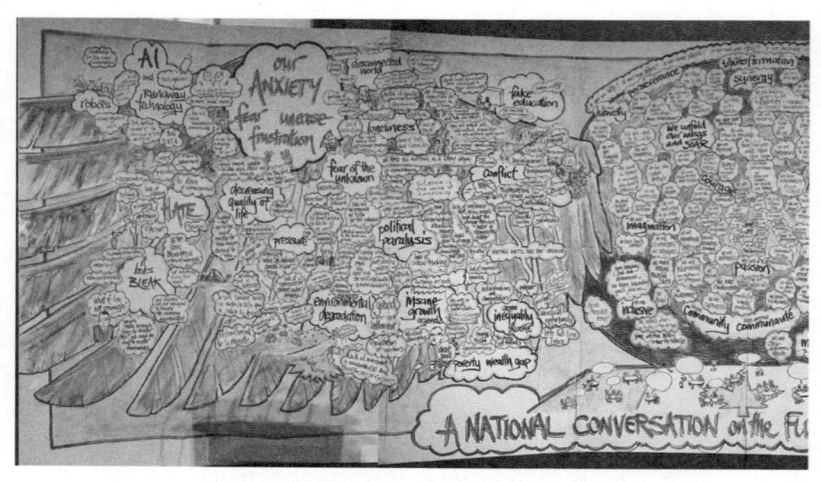

迦尼萨斯 18 峰会的与会者关于未来工作的
问题、想法与理想（上）

回应关注变革带来的宏观影响——社会进步与社会稳定受到了挑战。

两年后,在迦尼萨斯 18 峰会上,挑战工厂开展了一项为期三天的研究调查工作。之前的会议单独设立了一个专门关注人才革命的互动环节,而会议这次采取了一种更全面的方式,在场的艺术家们捕捉与会者在三天的学习与网络会议中的反应,记录他们对于未来工作的问题、想法与理想。

在 2016 年峰会之后的一年里,未来工作及其对人们职业生涯的影响逐渐成为主流话题。尽管宏观层面的政策与结构问题依然会出现,但 2018 年峰会的参与者更加关注工作性质的变化带来的更直接的微观影响,其中包括与老龄化和寿命延长相关的重

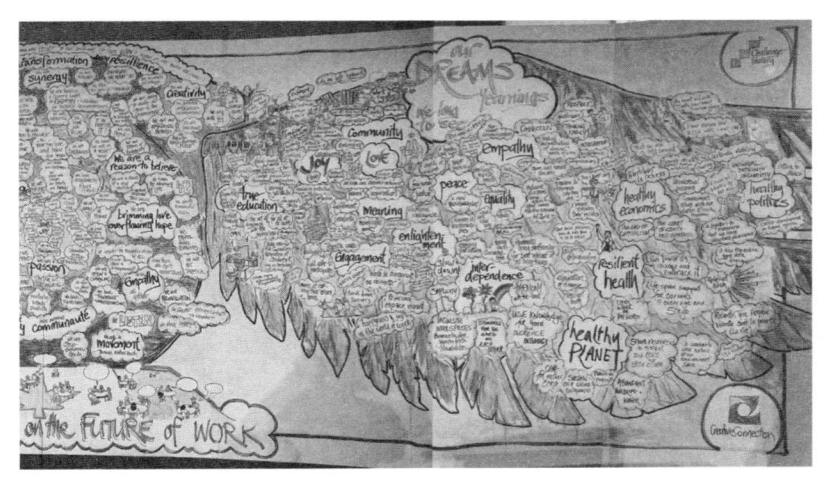

迦尼萨斯 18 峰会的与会者关于未来工作的
问题、想法与理想(下)

大转变。在一项现场调查中，34%的与会者表示，人口构成与寿命延长是能造成最直接影响的未来工作的驱动力（挑战工厂与创意联盟，2018）。

尽管人才革命还处于萌芽阶段，但重大转变已经开始发生了。正如托夫勒（Toffler，1990）提醒我们的那样，在经历突如其来的革命性变化时，生活会变得暗潮汹涌，我们赖以稳定大局的一切似乎都开始动荡不定。当经济、社会与政治基础发生变革时，一切就不再有稳定可言。革命挑战着过去约定俗成的规范与成果，虽然一场革命会带来一系列风险，但它也会给那些能预见未来的领导者提供令人兴奋的机遇。不过，革命的确遵循一定的模式——下图就是5种驱动力在当前的成熟度、影响力以及与人才和职业相关战略的整合度等方面的相互关系。

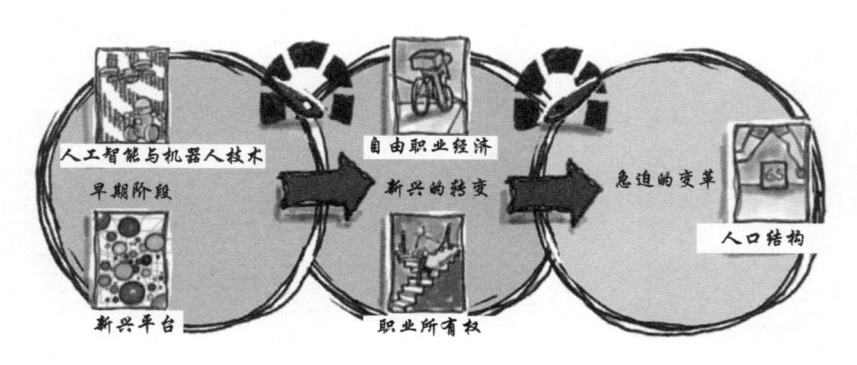

5种驱动力的相互关系

不出所料，重大决定往往会产生意想不到的结果，职场中一些旧的规定在当前产生了意外结果，而这些结果正在破坏企业内部的平衡，进而破坏社会的平衡。例如，采用终身聘任制而非绩效考核制已经使一些行业严重落伍，难以适应今天的市场需求；鼓励移民却不认可外国文凭，导致大量人口遭受就业不公之苦，只能在远低于自己学历与能力的工作中消沉度日；先设定后取消法定退休年龄的做法已经使年轻员工产生不满情绪，他们原本希望能通过填补职位空缺来改善自己的境况，谁知这些职位却迟迟空不出来。事实上，对于应该离开工作岗位的特定时间，所有人都有一个心照不宣的预期。这种预期会产生一种令人不快且代价高昂的氛围，既有害于企业与员工的发展，又会使整个劳动力群体被低估和边缘化。

──────── 实 例 📄 观 察 ────────

2015年2月，加拿大安大略省政府宣布将启动"职场变化评估"（米切尔、穆雷，2016）。2016年年初，该评估发布的一份初步报告显示，它的目的是研究在安大略省现行的劳动法和就业法的制度背景下，应该做出哪些改变来继续保障工人的权益，同时支持企业的发展。该评估重点关注以下几个职场发展趋势：

- 临时工作、非自愿兼职工作与自主就业等非标准工作关系增多。
- 服务业地位提升。
- 全球化与贸易自由化。
- 技术革新提速。
- 工作场所多样化。

这项评估的核心是政府认识到当今职场变革对法律和政策带来影响的必要性。评估委员会提出了16个问题,请公民结合自身在工作中经历的变化,思考现行的法律究竟是帮助他们适应了这些变化,还是沦为了无用的陈规旧律(米切尔、穆雷,2016)。

我们特别欣喜地注意到,政府的职场变化评估委员会旨在更深入、更全面地了解与劳动和职场相关的法规变动带来的预期的、潜在的,以及意料之外的结果。然而,尽管最终报告描述了劳动力将面临的预期挑战,并提出了几十项建议,但报告并未对老龄化的问题给予充分关注。在2017年的报告摘要中,老龄化的劳动力被描述为人口系统的负担,但报告并未提及额外增加的生产力将带来的重大机遇。该报告称:"随着劳动力老龄化程度的增加,养老金、健康福利等与年龄相关的成本将会提高;同时,如果旧工作岗位被淘汰,培训年长员工从事新工作并非易事。许多年长员工退休之后又会重回劳动力市场从事非标准工

作。"(米切尔、穆雷,2016:37)

我们发现,这些结论加深了人们对老龄化劳动力的普遍误解。此外,这也使年长劳动力错过了被纳入新的生命阶段模型的机会,寿命延长对各年龄段劳动者的潜在生产力的贡献被忽略。

职场一直处于不断变化的状态之中。职场人员结构的不断变化已经使今天的职场发生了显著的变化。员工知道唯一不变的就是变化,而管理者日常面临的挑战是在"新常态"中运筹帷幄,系统、资源及预期在这个新常态中都与过去不同。虽然新常态是一个持续变化的状态,但人才资源也在不断变化。要想讨论、理解并利用今天的人才趋势,我们就必须先了解技术变革在20世纪是如何影响职场的——这种影响堪称是一场革命。

第四次工业革命浪潮

第四次工业革命浪潮已经开始,这场大潮将以技术能力的增强为标志(施瓦布,2016)。尽管目前人们所有的目光都聚焦在千禧一代身上,他们对新技术的掌握已炉火纯青,但我们相信,其实人们押错了赌注。更重要的是,人员结构既是人才革命的第一个驱动力,也是为后续的革命浪潮创造条件的催化剂——这解释了驱动劳动力模型、结构、期望、社会规范与成果的因素究竟是什么。

在第四次工业革命浪潮中，自主收集、共享和调整数据的能力——被越来越广泛地应用的"物联网"——被认为是此次革命的主题，也正是物联网的出现令许多人担心它可能预示着传统职场的终结（佩蒂，2015）。不过，牛津大学的研究人员告诉我们，人们总是担心自己会被技术取代，虽然技术的确可以创造巨额财富，但它也会产生约瑟夫·熊彼特（Joseph Schumpeter）所说的"创造性破坏"，并因此引发一些不良的业务中断（弗雷、奥斯本，2013）。想想我们看到的每项技术变革所需的所有工作，我们不难得出这样的结论：当前的技术进步，甚至未来的物联网，都不会导致工作与职场的终结，它们只会成为当今人才革命的里程碑。

与之前的三次工业革命浪潮一样，第四次工业革命浪潮也是技术变革的产物。然而，今天的职场正在经历的不仅是技术变革，在技术高速进步的同时，还有另外一场革命正在发生——那就是人的革命，即人才革命。我们可以将这场革命描述为劳动力、工作与就业领域的显著变革，它的重点在于谁负责工作，以及工作如何为社会和经济的健康运行做贡献。

人才革命的预兆

技术革命都有自己的早期尝试者与预警系统。有些企业颇具先见之明，它们在网购成为现实的数年前就已经开始将业务转移到网上。还有一些人在20世纪90年代末创办了网络公司，向传统企业与市场发起了挑战。不过，依然有人还未意识到技术与互联网将对我们的一切工作与工作方式产生影响，而这些人也被卷入了这场革命之中，不幸的是，他们成为受害者。

放眼各行各业，曾经似乎一成不变的东西都不再是绝对的了。从前，人们在20多岁时开始走上职业生涯，在60多岁时退休。20世纪70年代之后，企业内的职业道路一直受到企业的限制——企业完全掌握了控制权，它为每个人职业生涯的下一步提供合适的结构与合理的期望。

劳动力革命已经真正开始。同样显而易见的是，当前的职场人员结构受人口老龄化影响，成为五大驱动力中第一个到达成熟阶段的驱动力，直接影响企业的盈亏。尽管如此，接下来的两种驱动力——职业所有权与自由职业经济——正在迅速渗透进企业内部，它们要求雇主与雇员之间建立新的雇佣关系。婴儿潮一代在传统的人才结构中挣扎着寻找适合自己的职位，这既是一种迹象，也是一个警告，说明现行的人才体系与晋升流程存在问题，所有年龄段的员工都将受其影响。

我们注意到，在主流出版物和与职业培训相关的博客上出现了越来越多的文章，呼吁雇主通过重新关注职业道路的方式吸引千禧一代。然而，研究表明，实际上我们可能正在朝着"后职业道路"时代前进，也就是说，职业的转变速度远比预先制订的正式职业道路预测的要快，过去一直把晋升定义为成功的标志，至于新兴的职业模式究竟是会打破还是强化这一惯例，研究人员依然众说纷纭（巴鲁克，2004；莱昂斯等，2012）。

肖恩·莱昂斯（Sean Lyons）教授表示，职业生涯阶段的概念是由唐纳德·舒伯（Donald Super）于1957年提出的，舒伯从职业探索与职业确立开始，对个人职业生涯每个阶段的重点活动进行分类。莱昂斯认为，舒伯描述的这些特定时期的活动可能已经不再有效（莱昂斯等，2012）。苏珊娜·库克（Suzanne Cook）教授也对舒伯在职业领域的原创优秀模型提出了质疑，她认为今天的职场已显露出需要更新模型的迹象。根据她的研究，员工65岁以后的生命阶段从前被称为"脱离"阶段，而她认为这一阶段应该是一个"重新定向"的新阶段（库克，2013）。重新定向是指员工的职业道路发生了变化或职业发生了转变，而员工本人必须意识到这一点，才能在日后掌控自己的职业生涯。随着职业模型、理论与道路的持续演化，新时代的员工必须具备更强大的职业能力，以便更好地掌控自己的职业生涯，并以此挑战传统、过时的劳动力规划与预测方法。

变革正在进行，并且已经影响到了所有年龄段的员工。然而到目前为止，各企业还没能意识到，人才革命会像所有革命一样遵循着一个可预测的模式。假如企业仅仅将员工现有的明显混乱的行为、需求和期望当成当下变革的一个组成部分，那么它们很快就会发现,利用劳动力变革的最佳方法是开启它们自己的次生革命。换言之,如果个人现在正在掌控自己的职业,如果那些职业正在经历变革,那么高管和领导者早已来不及做出积极响应,也无法确保能创造有利条件来吸引并留住自己的员工了。

人才革命的趋势

2010年至2020年的这十年被称为"人才十年",这是有充分理由的(德勤管理咨询公司、伯辛,2014)。人员结构、职业所有权和技术进步正在挑战劳动力结构,推动着这一轮的革命。历史学家与经济学家断言现在已经进入第四次工业革命,我们赞同这一说法,并将这次革命更名为"人才革命"。

随着未来职场的持续演变,我们发现了影响人才革命的三大因素。每个因素都反映出一个新现象,而其最终结果仍不明朗。尽管如此,它们却共同燃起了燎原之火,并解答了我们为何会见到所见的一切。不仅如此,它们还可以作为制定利用当前人员结构变化的战略规划与劳动力策略的指南。这三大因素是:

- 对改善各年龄段的工作与生活的平衡的追求。
- 要求年长员工建立更大的职业自主权的新的雇佣关系。
- 自由职业经济这一影响年长员工的新概念的出现。

追求工作与生活的平衡

企业心理学家与学者们得出的结论是：婴儿潮一代与千禧一代有几个共同特征，包括态度与职场价值观，相较于基于年龄的价值体系假设，对代际构成与人生阶段的更详细的分析显然更具说服力（莱昂斯、库伦，2013）。对这些人口群体的调查表明，两代人都十分重视工作与生活的平衡，他们都表示希望能控制自己何时工作、工作时长，以及为谁工作。

对千禧一代来说，平衡工作与爱好的决心始于他们的职业生涯初期，这可能是因为他们几乎24小时在线，能够十分自然地管理他们的工作活动与个人追求，而不太在意企业的正式结构。

另外，婴儿潮一代相信他们已经通过自己的努力赢得了工作与生活的平衡，而且由于他们珍视自己的私人时间及工作以外的活动，他们如今希望持续掌控这些领域。婴儿潮一代告诉我们，在帮助子女和孙辈的同时，他们越来越需要照顾年迈的父母，因此他们觉得拥有属于自己和自己的兴趣爱好的时间就变得格外重要。我们还观察到，工作与生活达到平衡是那些处于传承职业阶段的人们的共同特征，这一阶段的事业往往是他们在所谓的退休年龄之后选择从事的。

> 婴儿潮一代与千禧一代或许对生活方式有着共同的愿景。

值得注意的是，虽然婴儿潮一代与千禧一代分别处于劳动力年龄跨度的两端，但他们都认为好工作与好生活之间并没有绝对的分割线，当一个人在公司和家里都能做自己时，他的工作满意度是最高的。明确区分工作的时间地点与个人生活的时间地点的必要性正在消失，或者说至少它们之间的界限正在变得模糊不清。显然，工作的产业模型正在不断演化，受其影响，我们也在不断变化。

> 关注人员结构差异可能掩盖正在浮现的趋势。

企业可以先认识人们这些态度变化的重要性，再对其加以利用。人员结构、老龄员工歧视、技术、自由职业经济、职业晋升以及职业模型都是同时在波动的动态因素，它们共同组成了一个全面的、相互依存的系统。在这个系统中，每一个组成部分都相互影响。在本书的中部，我们将看到，在其他试图解决这些具有战略意义的领域（人员结构、老龄员工歧视、技术、自由职业经济、职业晋升及模型）的问题的过程中，企业如果忽视年长员工将会面临重大的商业风险。

职业自主权重现

随着人才革命的推进，劳资关系也正在发生变化。此时此刻，我们看到个体已经取得了一些微小的进步，人们开始从不同的角度思考自己与雇主的关系以及自己想要建立的职业生涯。在世界各地，吸引 50 岁以上的劳动力的新模型正在涌现，因为这些企业领导找到了摆脱企业困境的道路，并分享了他们的个人经历。所有年龄段的员工都出现了一种趋势，即掌控自己的职业生涯，在企业提供的最优选项之外做选择。"高龄创业"的兴起也见证了这一趋势的出现，年逾半百的人们再次启程，有生以来第一次当起了企业家（奥兹卡，2016）。实际上，选择高龄创业这条职业道路，很可能是对企业的年龄歧视和现有组织中缺少传承职业人才结构的直接回应。我们发现，X 一代的人也在掌控着自己的职业生涯。千禧一代亦如此，他们甚至可能在合同中加入一些闻所未闻的选项，比如休假时间、带薪休假费用和弹性工作时间。

从传统意义上来说，一个人的职业生涯是由其雇主控制或所有的，但事实已不再如此（拉希姆、戈伦别夫斯基、麦肯齐，2003）。如今，无论愿意与否，员工的职业生涯都由自己做主。职业所有权的变更对职场革命具有重大影响，因为员工开始意识到他们在实现职业目标方面的个人责任，并努力寻找更好的途径来达到目标。更重要的是，虽然千禧一代愿意离开企业去追求新的职业道路，表明他们想要管理自己的职业生涯的决心，但职业所有权的变更需要一个全新的劳资关系结构。有趣的是，商业领袖、研究人员和咨询人员都认同这样一个观点，即最年轻的员工已决心捍卫自己的利益,而企业也正在寻找全新的、有吸引力的方式,与这些职场新人建立起平等的合作关系。但是,企业与年长员工的关系就不一样了,毕竟在这些员工的职业生涯刚开始时,企业扮演的是家长式的角色。

> 技术革命将钟摆又推了回来,因此员工个人得以再次掌控自己的职业生涯。

千禧一代毕业后便进入这样的大环境,在这种环境中,自我实现的重要性已经融入了职场、职业谈判或人们的职业期望之中。据文献记载,自主掌控职业生涯的趋势可以追溯到20世纪90年代末和21世纪初,当时,商学院开始教导学生将自己视为"自我公司"(詹森,1999)。几十年来,学生们一直被告知,虽然他们可能会为某个企业打工,但他们应该拥有自己的品牌,了解自我的价值,掌管自己的职业生涯。而在婴儿潮一代的成长时期还没有这类课程,大多数人的内心还未内化自我公司的概念——这一概念直接涉及个人的主观能动性与自我实现。

无论是个人还是企业,保持对职业的控制都是至关重要的,因为它建立了关系模式与规范,它还能明确员工期望从主管和经理那里得到的不同级别和类型的支持。按照詹姆斯、麦肯齐与斯万博格(2011)的观点,主管的支持是正向影响员工敬业度的关键因素之一。当员工为自己的职业生涯负责时,他们就会产生一种自主感，并做出自我承诺，追求符合自己的价值观与需求的职业道路。除此之外，员工还会期望他们的主管和经理能告知、支持并拓展他们下一步的职业机会。而假如企业处于员工职业生涯的主导地位，那么情况正好相反。在这种情况下，雇主在劳资关系中扮演的就是家长式角色，雇主与雇员都假定双方的价值观是一致的，所有人的需求都将得到满足，或者如果双方的价值观存在差异，雇员将服从雇主。不仅如此，主管与经理将执行、保护和捍卫以企业为中心的政策。

当前，65岁依然是北美地区的预计退休年龄。然而，尽管缺少职业道路规划、工作选择有限、文化规范稀缺，企业也并没有显示出想要挽留员工的意愿，但超过65岁继续工作的人越来越多。当企业明里暗里地设计条文赶他们走时，他们却拒绝离开，这表明他们坚持将自我掌控职业生涯的愿望置于企业的利益之上。但是，许多每日勤勤恳恳工作的中年员工却发现自己一直在原地踏步。尽管诸如"敬业度"这样的常见指标表明，员工行为相比过去已有所不同，但企业没能相应地从传统的职业道路模式转变为与员工工作年限延长相适应的模式。

除工作年限延长的新动态之外，员工更多、更积极地关注工作与生活的整合。与此同时，主流媒体将创新型职业道路和自我主导的职业自主权与年轻一代的职业经历联系在一起。但是，年长员工也表达了自己的愿望，他们希望工作与生活能更好地平衡，希望可以持续地学习和发展，做有意义、有目标的工作。莱昂斯在加拿大的研究表明，虽然婴儿潮一代在敬业度上与其他几代人相似，但作为推动敬业度的一种机制，他们却是唯一被排除在职业发展之外并与之脱节的一代。相比过去几十年，虽然今天的员工对于自己的职业生涯有着更多的控制权，而且这种控制权还在不断增强，但婴儿潮一代似乎陷入了困境。他们已经习惯了沿着正规的职业道路按部就班地往下走，但现在，他们面临着无业可选的窘境，感受到了一种全然无力的挫败感。他们有时会抱怨自己被忽视了。从总体上看，他们的职业生涯似乎走到尽头了，下一步已无路可走。

挑战工厂分别于 2009 年和 2011 年对 84 家加拿大企业的人才主管开展了调查。我们的调查结果显示，员工活跃度的降低始于 49 岁左右，在这一时期，员工与经理之间的职业对话的质量开始下降。在 2011 年的调查中，26.5% 的受访者表示他们更愿意填补企业内部的空缺职位，但只有不到 18% 的人表示，企业会为 50 岁以上的员工提供培训，并且鼓励他们发展新技能，以便在企业内部进行职位变动。2003 年，阿姆斯特朗－斯塔森（Armstrong-Stassen）与坦普勒（Templer）调查了加拿大年长员工的培训情况，发现只有不到 10% 的企业开展了此类培训（详见斯博库，2008）。在近期的一篇有关年长员工的敬业度、培训和职业发展的论文中，库克和鲁盖特（Rougette）引述了多项研究结果，表明雇主认为年长员工（在他们的研究中被定义为55岁以上的员工）不适合接受再培训。二人还表示，年长的女性可能会更强烈地感受到制度化的年龄歧视，她们面临着来自年龄与性别的双重歧视（库克、鲁盖特，2017）。

职业讨论可能会继续作为员工年度或季度绩效评估流程的一部分，但年长员工反映，这项活动主要是为完成企业要求的面谈任务，而非进行任何有意义的职业对话。的确，在受访的人才主管中，21%的人认为年长员工这个群体只是在等待一份遣散费。我们的研究结果表明，由于很少有管理者知道如何与一位53岁的员工进行面向未来的职业对话，所以他们根本就不会进行这类讨论。而年长员工可能也没有意识到发起这类讨论对自己有重大利好，如果看不到这一点，他们就会觉得这类对话不值一提。而且，假如他们真的提到了这个话题，大多数管理者根本不知道该如何将对话进行下去。所以，到员工60岁出头的时候，他们很可能已经有10多年没有和自己的经理进行过面向未来的职业探讨了。

涉及员工发展与培训的活动，在他们退休之前很早就已经开始减少了。

与此同时，前瞻性的职业讨论似乎已经消失，年长员工也许还没意识到企业控制员工职业生涯的时代即将终结，或者认为年轻人掌控自己职业生涯的新模式并不适用于自己。结果，无论是企业还是个人都没能采取任何行动，一大批人才被忽视，有能力的人在原地踏步。这样一来，他们变得整日无所事事也是意料之中的事了，而这却常常被简单地归咎于年龄的增长。假如婴儿潮一代认识不到自身的潜力，并且认为自己依然身处企业掌控个人职业生涯的世界，那么企业是不可能认识到这个群体的职业潜力的。

> 在自己的职业道路被企业控制了半个世纪之后，婴儿潮一代可以在如今更多变的环境中拥有更大的职业自主权。

有远见的企业将会意识到，当前的职业道路、劳资关系与人才管理体系都基于这样一个假设，即一旦员工年满 50 岁，他们的职业道路就不再有转变的可能了，而这一假设对企业的组织目标和商业目标是具有消极作用的。事实上，按照韦莱韬悦保险经纪公司（Willis Towers Watson）的说法，"40% 的计划工作到 50 岁之后的员工感觉自己被困在了当前的工作岗位上"（韦莱韬悦，2016）。要想改变当前的职业道路选择，企业需要注意在 50 岁以上的员工群体中存在着大量有活力、有生产力的劳动力，而且他们需要找到与这个群体合作的新方法。假如企业愿意问上一问，他们可能会惊讶地发现，这些员工可能并不想继续从事自己过去几十年一直在做的工作。同样重要或更重要的是，企业根本不需要这些员工继续待在同一个岗位上。穆奈尔（Munnell）与颜元（Yanyuan）[①]（2012）对延迟退休及其对年轻员工失业率的影响进行了研究，正如研究结果所示，企业必须（为年长员工）提供有效的选择，这对所有人都有益处。"经济流动性项目"（Economic Mobility Project）报告称，"年长员工的就业率与青壮年员工的就业率是成正比的，其对青壮年群体的失业率或工作时长并未造成任何统计影响"（2012：2）。所有证据都指向同一个结论：新的企业需求需要新的劳资关系，必须确定新方案来替代令年长员工无路可走的传统职业道路。此外，个人必须认识到，相比过去，他们对自己的职业生涯拥有了更多的控制权。明智的企业会转变态度，对各年龄段的人才都加以利用。

不确定时代的开始：自由职业经济

有些企业在不断发展壮大，有些企业分崩离析或遭遇撤资，还有一些企业则在悄然发生变化。在就业领域发生巨变的同时，就业的定义也在发生改变——它正朝着我们现在所知的自由职业经济演变。今天，并非所有人都只为一家企业工作，不仅如此，

---

① 译者注：此处为音译。

并非所有为某家企业工作的人都是该企业的全职员工。这就是自由职业经济，其特征是"非标准工作关系"，有时也被描述为共享工作、弹性工作、合同工作或临时工作。当然，合同工作、弹性工作或兼职工作并非什么新鲜事，真正新奇的是，几乎各行各业都出现了这样一种态度或观点，认为自由职业是实现个人职业抱负的一种可行的甚至更可取的途径。

最近的报告表明，主流媒体可能高估了"临时工作"或自由职业经济的规模与影响。美国政府报告称，相比 2005 年，2017 年的独立契约人数量有所减少（美国劳动部，2017）。2018 年，在女王国际社会政策研究所（Queen's International Institute on Social Policy）的会议中，泰勒与来自法国、德国、英国、美国及加拿大的全球"未来工作"研究专家进行了会谈。大家一致宣称，尽管媒体的报道与此相反，但在经合组织的大部分经济体中，自由职业者的数量或保持稳定或出现小幅下降。这一发现引起了我们对于"自由职业者"的定义的思考。我们目前尚不清楚非传统领域的自由职业者，比如爱彼迎（Airbnb）上的"客栈老板"或社区遛狗人，是否将这些活动视为工作。在本书撰稿期间，我们意识到，关于自由职业结构的潜在影响还有更多有待了解的地方。不过，我们关心的不是自由职业者的相对规模，而是一个全

> 过去被视为非主流的雇佣关系，如今却成为普遍的甚至首选的工作方式。

新的态度或观念，即"自由职业经济是实现个人职业目标的一条实用的或更可取的途径"。

重要的是，要将涉及自由职业经济的宣传炒作与真实数据区分开来。有些研究表明，未来几年将有高达50%的成年劳动力加入自由职业经济的行列（拉希德，2016），但我们依然选择谨慎地关注更保守的报告，这些报告较少关注劳动力的规模，而是着重反映不断变化的劳资关系。美国国家公共广播电台（NPR）与马里斯特民调中心（Marist Poll）开展的一项新的民意调查显示，目前美国20%的工作由合同工承担（马里斯特民调中心，2018）。实际上，在不久的将来，全职员工在劳动力中很可能只占很小一部分。这对企业的好处是显而易见的——企业在工资、办公空间需求和福利方面都能节省大量资金，但自由职业经济的兴起同时也能为一些个体带来巨大利益。

在撰写本书期间，自由职业模式显然已经开始改变雇主与雇员对二者关系以及未来趋势的看法。然而，在这个混乱的革命初始阶段，也出现了一些令人不安的趋势。年轻员工与年长员工都在经历长期的失业与不充分就业。在年轻员工群体中，人们担心应届毕业生需要花费相当长的时间才能找到一份全职或同等职位的工作。在年长员工群体中，失业与不充分就业的情感成本很高，而他们找工作所花的时间越长，年龄就对他们越不利，他们就越不可能找到工作（伯纳德，2012）。顺

第一部分　未来的工作：理论模型与框架

便一提，由于自由职业者缺少全职员工拥有的常规福利，因此他们成立了自由职业者工会来尽全力保护缺少保障的员工，并帮助缺乏谈判能力的员工提升谈判技能。事实上，自由职业经济未来的力量、潜力与影响尚不完全为人所知，但它的存在已经引起了人们极大的兴趣与关注，使我们不得不将其列为五大驱动力之一。

────── 实 例 📄 观 察 ──────

在2008年金融危机的余波中，利博的两位客户出人意料地愤然离开了各自所属的金融机构。利博已经为这两位女性工作了好几年，她深知二位极受同事、员工与行业的尊敬。她们二人都是大型跨国企业的副总裁，事业有成，彼此只知道对方是竞争对手。二人都被突如其来的事变惊呆了。

这两位女性都在男性占主导地位的舞台上证明了自己的实力，并且自踏入职场以来，都未曾失业过，所以对找工作并不很担心。当露易斯听说卡罗尔的遭遇后，她主动联系对方，以便互相有个照应。

当露易斯被裁员时，55岁的她已经当了5年的业务发展副总裁。而年仅52岁的卡罗尔则是另一家企业的副总裁，各大猎头时常向她抛出橄榄枝。

51

在露易斯和卡罗尔被"解雇"之后，她们都给利博打电话，请她帮忙更新简历——利博发现，她俩的简历上写满了令人印象深刻的职业履历，其中不乏个人成就与行业奖项。

值得注意的是，虽然美国的金融行业放松了监管，但加拿大一直保留有效的监管机制，这才使加拿大的金融机构在2008年的金融危机中免遭破产之苦。因此，加拿大的经济复苏比美国快得多。两位副总裁本以为很快就能找到工作，但事实并非如此。

她们开始定期交流，很快便发现她俩的简历都没能引起企业的太大兴趣。她们不确定这究竟是由于性别歧视还是其他什么原因，但当她们接受面试之后，她们将各自的面试要点进行了比较，发现她们都被问到了一些私人问题，而这些问题是年轻的求职者永远也不会被问到的——令人迷惑的、唐突的问题，甚至一些可能被认为是边缘化的或故意让她们透露年龄的问题。例如，露易斯被问到是哪一年结婚的，还有一位面试官笑着将她与自己的母亲相比，并不经意地在面试中提到了退休。卡罗尔也遭遇了类似的处境，只不过她还被不止一次地问到孙辈的问题。

虽然她们感觉受到了伤害，但迫于强烈渴望工作的心情，两人都没有任何抱怨。不过，这两位技术高超、屡获殊荣的女性却十分肯定问题出在年龄歧视上。虽然她们可能并无实证，但个中缘由显而易见。

第一部分　未来的工作：理论模型与框架

于是，她们决定将自己多年的工作经历从简历和领英网（LinkedIn）的个人资料中删除，紧接着就开始接到面试电话。最终，在花费1年多高密度的职业搜寻之后，露易斯终于找到了工作。将近18个月后，卡罗尔接受了一家银行分行副总裁的职位，这一职位可让她施展自己的才干；不到6个月的时间，她便得到了晋升。两人至今仍在各自所在的企业中工作，并且自入职后，又都获得了新的殊荣。

一般认为，工作中缺乏安全感是个人层面的一个不稳定因素。当这些不稳定因素共同发挥作用时，它们就会产生不良的社会影响，对社会造成难以逆转的破坏。根据加拿大最高法院前首席大法官布莱恩·迪克森（Briran Dickson）的说法，"一个人的工作是他的认同感、自我价值感与情感健康的重要来源。因此，一个人的工作环境对于其维护自尊，塑造健康的心理、情感与体魄具有非常重要的意义"（迪克森等，1987：59-60）。

> 不稳定的就业安排是人才革命混乱的早期阶段的一个征兆，这种不稳定状态会对所有年龄段的员工造成影响。

虽然我们同意迪克森的看法，但我们的观点与常见的保守观点相反，我们确信，工作并非只有遵循传统模式才能提供稳定与幸福感。

自由职业经济与老龄化劳动力

并非只有传统就业观念中的那种全职工作结构才能带来一份较好的收入。我们发现，新的工作模型与工作模式并非同样适用于所有地区或所有行业的员工。虽然我们相信我们发现的这种职业趋势是普遍存在的，但我们主要关注的是技术行业、知识部门与专业领域的员工。时代变了，10年前根本不存在的服务如今却成了员工技能里的必备工具。如今，像演员一样，从事自由职业的木匠、IT专家或职业写手可能都需要一位经纪人来帮他们找工作，或需要借助一个人才平台来匹配合适的工作。源源不断的兼职工作或项目能带来的收入，可能远超一位全职雇主愿意支付的数额。

随着知识作为重要货币的地位不断提升，经纪公司的专业技能也在不断提高，这倒也不足为奇。在职场中，企业对内部设备器材的关注越来越少，反倒更加注重利用员工头脑中的知识。我们每个人与他人的联系比以往任何时候都要紧密，而且我们拥有触手可及的工具，能确保我们以飞快的速度实现互联互通、交友并分享见闻。

一个以人才聚集为核心的全新产业正在形成。与过去的职业中介不同，今天的职业中介通过一种高精准的技术——人才平台——为拥有知识与专业技能的个人提供直接联系，这样一来，求职者就能够专注于他们了解的领域，而不用浪费宝贵的时间大海捞针了。

实例观察

越来越多的人才平台正在涌入市场，这些平台为寻找专业人才的人们提供了基础设施。由于这些平台都是搭建在技术基础之上的，所以它们匹配的理想人选可能会造成这样的情况：加拿大萨斯喀彻温省的一家企业，其平面设计工作在瑞典完成，行政工作在芝加哥完成，而财会工作则在纽芬兰进行。自由职业平台 Upwork 是这一领域的先行者，其拥有数百项功能，使企业能够"与自由职业者共同完成更多工作"。它提供的是一种即时服务。

虽然大多数早期的人才平台并没有按照年龄对契约人进行细分（这是一个好的迹象，它表明至少有人明白，所有年龄段的人都是当今自由职业经济中的参与者），但一些新兴的平台则专门针对50岁以上的劳动力。

Kahuso 是一个在 2016 年底推出的加拿大人才平台。其口号"联通专业技能与机遇"反映出该平台使用了一种专有算法，为寻找人才的企业匹配有经验的候选人，为求职者提供全职工作、合同用工、咨询等全方位的合作机会。

平台使职场发生巨大转变的第二个例子是员工福利与新保险

模式的兴起。League 是加拿大一家面对新兴领域的"保险科技"机构。目前，该平台通过员工的雇主为员工提供全面的健康服务。保险服务的提供方不受类别、服务或地域的限制，而员工可以按需访问和使用服务提供方和传统保险公司的服务。

在瞬息万变的职场中，员工的健康与福利成为一个越来越重要的话题。一个跨行业、供应方未知的平台的出现，标志着未来处于职业生涯各个阶段的员工在选择他们想要的福利与待遇时能够拥有更大的自主权，这将会成为雇佣关系的一部分。正如 League 在今天应运而生一样，这也将开辟出一个更广阔的市场。在这个市场中，每个独立的参与者都能获得过去只有全职员工才能享受的众多项目与服务。这对于年长员工来说是一个好兆头，因为他们可以开始为职业生涯的下一步做打算了：这些人如今可以根据自己的兴趣、技能与市场需求做决定，他们再也不用受制于以雇主利益为核心的薪酬福利了。

今天，有创业精神的年长员工都在自发地寻求帮助，以期从一个提供劳动力的长期雇员转变为服务提供方。假如不鼓励企业改变自己的想法，并认识到近在眼前的新的人才现实与机遇，那么让年长员工转变对雇佣关系的看法将难上加难。人才供给与人才需求两个方面正在同时经历着革命性的变化。

我们建议各位接受人才革命已经开始的事实。如今，职场人员结构的变化已经令各位经历了前所未有的劳动力重组。你无法选择不参与这场革命,但当你采用新技术拓展业务时,你对革命的响应速度很可能与你的业务表现同等重要。

要点汇总

- 当前的职场条件符合罗伯特·格尔的革命标准。
- 当今职场人员结构的变化是一个漫长的革命周期的一部分。
- 理解可预测的革命模式能够带来早期的竞争优势。
- 人口结构变化是五大驱动力中第一个达到成熟阶段进而影响企业利润的因素。
- 寿命的延长迫使我们改变对预期工作寿命的理解。
- 人才革命是一场持续的社会变革,它将推动新的职业对话、职业模式与工作方式的出现。
- 由于个人开始掌控自己的职业生涯,领导者必须做出积极反应,并确保能提供有利条件来吸引和留住员工。
- 婴儿潮一代与千禧一代有若干共同点。
- 掌控自己的职业生涯的重要性再次显现;领导者将制定策略,帮助员工获得更多的职业主导权。
- 职业培训与职业发展活动在员工退休前几十年就已经开始减少了,这对员工的敬业度产生了负面影响。

- 就业模式正在发生变化，这些变化包括所谓的自由职业经济的出现，以及扮演职业中介角色的人才平台的出现。
- 人才供给与人才需求两方面都在发生革命性的变化。

行动指南：如果你是一位基层管理人员，或者你在为他们提供帮助，那么你将在第12章中找到针对实际行动的建议与工具。

第一部分　未来的工作：理论模型与框架

3
职业与工作一览：婴儿潮一代是革命的主力军

婴儿潮一代是人才革命的主力军

变革不是敌人，不确定性才是。当你要应对的是一连串的未知、估算、预感甚至猜测时，你制定的作战策略就难免混乱不清。在本章中，我们将探讨当前的劳动力现状，以帮助各位建立强大的武器库。

我们身处难以预料的时代。宏观经济学专家与研究助推全球商业环境发展机制的学者认为，我们正在经历的是一场影响深远、规模庞大的文化巨变，它必将彻底改变我们的生活、工作、娱乐与交流的方式（施瓦布，2016）。人们将其描述为第四次工业革命浪潮，这是一场由技术驱动、全球竞争助推、以职场大变革为特征的海啸，它"不似人类以往经历过的任何事物"（施瓦布，2016：1）。这是一次全世界都能感觉到的范式转变。

尽管这场动荡显而易见，但如何处变不惊并从中获利却鲜为人知。当我们终于收集完所需信息并加以分析时，现状却在各种力量的博弈中发生了改变。模糊的恐惧感会让我们产生潜在的焦虑情绪，我们不可能确切地知道看不见的远方究竟有什么。不过，有三件事是我们可以确定的：

1. 过去对劳动力的预判已不再可靠——许多人的职业轨迹发生了变化。
2. 职场年龄歧视是无形的，十分严重，令人窒息。
3. 我们必须适应新的职业现实，以利用未发掘的机会助力企业成长和盈利。

让我们逐一解决以上的现实问题。

现实1：过去对劳动力的预判已不再可靠

"文化"是指"我们在某地的处事之道"。它体现了我们的规范与期望，彰显了我们的身份；它影响着我们的决定、战略、战术以及品牌；它造就了我们的现在，定义了我们的未来——无论好坏，它都是我们的神话之源。现如今，即使在有着优良文化、屡获殊荣的一流企业中，淘汰一整代人才的做法，也已经因年龄偏见和过时的职业思维而成为常态。企业可能会发现，它们难以为平衡劳资关系建立劳动力模型、计划与优先级，这要么是由于它们所做的分析工作有限，以至于决策都是基于过时的预期做出的，要么就是由于它们的分析工作太细微了。

当你的全部注意力都集中于一棵树上时，你是不可能看到整个森林的。就像管中窥豹一样，在你视野之外的环境、个中实情及其影响可能都会被你完全忽视。在本节中，我们将"把画面拉远"，展现当今长时间劳动力的动态变化，评估新兴的终身职业结构，探索不再对社会有益的长期存在的年龄歧视的影响（坎特，2011）。在通常情况下，在变革的时代，我们的言论往往会塑造未来，但在当前情形下，我们发现我们的言论或许不能准确反映我们的生活环境——在发生革命性变革的时代，可靠的数据才是至关重要的。事实也许有很多，但那些成为企业战略基础的事实，一定要有确凿的证据才能令人信服。

随着企业努力在瞬息万变、似乎难以预料的劳动力形势下站稳脚跟，越来越多的年轻员工无法找到有意义的工作，人们异口同声地呼吁，是时候让年长员工继续前进，给更年轻、更有才华的一代让路了——这是为了年轻员工的利益，为了国家的利益，为了经济的发展。而实际上，事实却恰恰相反：职场的新趋势似乎与呼吁年长员工退休的声音大相径庭。

《纽约时报》的数据显示，在65~69岁的美国人中，有近三分之一的人仍在工作（格林豪斯，2014）。雇佣年长员工的趋势在加拿大同样明显，例如，加拿大商业发展银行宣称每年都在增加年长员工的数量。这样的例子不胜枚举。IBM公司正在为特殊项目招聘退休人员，而近20%的西维斯健康公司的员工是年长员工（斯隆老龄化与就业中心，2008）。在迪尔公司中，35%的美籍员工年龄在50岁以上。德勤显然明白年长员工的价值，还为他们创立了一个"高级合伙人计划"，其具体目标就是留住退休的合伙人。同样令人印象深刻的是，ESW公司在2015年第5次入选《公司杂志》（*Inc. magazine*）评选的美国增长最快的企业榜单。这些数据都显示年长员工阻碍系统运行的观点不正确。我们认为，它们恰恰反映出一些有远见的企业已经意识到了新的机遇，并且正在利用一个丰富而未被充分利用的资源。这些企业没有将年长员工群体视为一种负担，直到他们最终离职，而是采用了一种新的方法。美国人力资源管理协会（SHRM）报告称，4%的企业制订了留住年长员工的计划，并将其作为企业整体劳动力战略的一个关键部分（美国人力资源管理协会，2015）。这4%的企业究竟知道了什么，而北美其余的企业又错过了什么呢？

这些数字并非什么秘密。所有的企业充分意识到年长员工在其员工队伍中所占的比例在不断增加，尽管如此，大多数企业依然在想方设法地解雇这个群体，却完全没有意识到被他们撵出门的是未被利用的财富之源。

> 我们需要"把画面拉远"，从全局审视职业模式，为难题寻找有效答案。

关注未被利用的现有人才可能是企业所需的一剂良方。当前，雇主与雇员都忽视了一个从被低估的职业阶段获益的重大机会。现在是时候重新评估现有的劳动力模型了，该模型认为，大量年长员工即将退休，他们应该被排除在职业与发展机会之外。我们认为这一观点反映出企业内部存在我们所说的"失灵的人才扶梯"，这是我们将在下一章中探讨的结构与战略性问题。

──── 实 例 　观 察 ────

在探讨这一话题时，我们发现，用来形容年长员工的词汇暗示了人们对他们的负面情绪。仔细听就会发现，这类词语明显带有负面色彩，会引发人们的负面认知。就连"年轻"（younger）和"年长"（older）这样的语法上的比较级词汇都会造成情感负担，"年轻"这个词会令人联想起成长、发展和未来，而"年长"则暗示着油尽灯枯、结束和完成。实际上，年龄歧视在我们的文化与词汇中根深蒂固，以至于要为年长员工找到一个中性的或正面的词汇是一个挑战。词典里罗列了许多"年长"的近义词——所有这些词都带有主观的价值倾向。无论是"年迈的""衰老的""老朽的""上年纪的""衰弱的""头发花白的""过时的""变老的""陈腐的"还是"老年的"，每个词都带有一定程度的负面色彩。或许，唯有"成熟"例外，这是一个我们喜欢并经常使用的形容词。虽然人们对于一个人何时变老尚无普遍的共识，但变老通常还是被视为一种负面特征。简言之，衰老被认为是一个退化的过程，所以难怪企业将注意力集中在年轻人身上。无论是与首席执行官、经理和人力资源专家交谈，还是偷听各种会议内容，你都会清晰地认识到，我们很快就会将当今职场的变化与最新一代职场新人的需求和影响联系在一起。

现实2：职业能力是必备的

在企业中，职业发展一直是一门不太受重视的学科。由于它并非正式人力资源培训的必备项目，所以该领域的众多工具与先进理念并不为企业领导们所知。职业发展领域的专业人士都有自己的行业协会、研究机构及专业团体，而这些组织又往往独立于人力资源团体之外。

> 人才管理与职业管理是两回事。

随着企业内部人才管理工作的发展，企业的重心已经放在了如何利用劳动力以尽力满足企业需求上，因此，企业常常劝告员工对自己的职业生涯负责。但和过去几十年一样，定义员工的职业道路，为员工划定界限，决定员工去留的，往往还是企业。很少有企业会为员工提供有效的工具来让他们掌控自己的职业生涯，而基层管理者在转型为管理角色之前，通常很少或根本没有受到过任何有关职业理论、职业模型、职业道德或沟通技巧的培训。但是，相比企业内的其他员工或领导，基层管理人员其实有更多机会进行职业对话。即使最正规的人才管理项目和工具，也没能使管理人员具备他们所需的职业能力，来明智地指导自己管理的员工。这种情况已经持续了很长一段时间，甚至早在职业道路、职业模式、时间线与职业所有权发生转变之前就已经存在了。现在，认识到企业领导需要更深层次的职业能力,是理解劳动力与人员结构变革的更广阔的背景的第一步。

实例 观察

人才管理采用企业优先的方法来帮助员工实现企业目标。人才管理是常规劳动力计划的一部分,在评估企业需求的同时,它还能评估如何协调企业内外可用的资源来优化工作。职业管理(亦称职业发展)的重点在于个人,它可以令一个人的兴趣与才华得到施展。CERIC是加拿大领先的职业发展机构,它制定了以下8条职业发展原则,以帮助业外人士更好地理解良好的职业管理需要什么。

CERIC的职业发展八项指导原则:

- 职业发展是一个协调与管理有偿与无偿活动的终生过程,包括学习(教育)、工作(就业、创业)、志愿服务与休闲时间。
- 需要确定兴趣、信仰、价值观、技能与能力,并将这些与市场需求联系起来。
- 包括了解可行的选项,有目的地前进,做出明智的选择。
- 应以自我为导向,每个人都应对自己的职业生涯负责,但没有人能够独善其身——我们都会受到环境的影响,同时也对环境产生影响。
- 常常会得到老师、父母、同行、主管和更大团体的支持，并受到其影响。
- 无论你如何定义成长与成功——不一定是线性发展，都应最大限度地利用人才与潜力。
- 错综复杂，而环境是关键——可能既有内部限制（经济、文化、健康），也有外部限制（劳动力市场、技术）。
- 它是动态的，不断发展的，需要通过多次转变来不断适应。

——CERIC，2016

我们相信，职场如乱世，无数股力量共同造就了我们正在面对的混乱局面——这种局面催生出了许多长期存在的、损害企业业务能力的误区。一旦这些力量被世人理解，一旦它们产生的谬见被揭穿，那么这些力量将不再是引人生恨的祸端，反而会成为企业战略规划中的积极因素。

在近代的历史记忆中，寿命延长促使企业与个人重新思考旧模型、接受新变化，这还是头一遭。2014年，作家兼人力资源策略师彼得·卡佩利（Peter Cappelli）认为，传统的企业人才管理方法是假设职业阶段与职业发展都是基于年龄划分的，而这已无法如实反映今天的职场现状。不仅如此，卡佩利还声称，这些方法不仅在如今无法奏效，而且其代价极其高昂。我们已经认识到种种因素造成了今日职场的不可预测性（这些因素包括新技术、新工种、行业兼并、金融动荡等），但认为影响职场稳定性的最重要、最直接的因素还是人员结构。从现在到2031年，每天都将有约1万名美国人年满65周岁，他们要么离开就职的企业，要么时刻处于离职的压力之中（科恩、泰勒，2010）。当前，大部分企业没有制订考虑老龄劳动力价值的职业道路规划及人才计划，相反，这个群体常被视为残肢断臂，被企业打着人道主义的幌子切除。此外，1935年，美国社会保障法得以通过，当时的平均预期寿命约为62岁。自该法颁布以来，员工一直将65岁视为职业生涯的终点（美国国会，1985）。请记住，"变老"与"衰老"是有区别的。显然，我们所有人每天都在变老，但"衰老"往往用来形容行将就木之人。

今天的65岁的人已不像上一代人理解的那样了。如今，人的平均预期寿命已经超过80岁，那些仍认为生产力将在65岁左右消退的企业与个人，很可能将错失他们创新、生产与贡献力量的最佳时机。得出一项研究结果需要一个漫长的过程，从项目设计开始，获取资金、联系研究对象、收集数据、分析数据到公布研究结果，这一过程往往需要数年时间。如果年长员工想要在瞬息万变的职场环境中提高效益，他们必须更快地采取行动。在由美国心理学会出版的《老年劳动力》(*The Aging Workforce*)一书中，赫奇（Hedge）、博尔曼（Borman）与拉姆雷恩（Lammlein）与我们得出了相同的结论（2006）：60岁以上的员工，由于其拥有的专业知识与技能，将继续为他们就职的企业做出重要贡献。但是，正是婴儿潮一代组成了当前被视为正在老龄化的劳动力群体——我们对这一观点无法苟同。婴儿潮一代都是成熟的职工，他们可以为企业做的事情还有很多，他们的潜力还未被完全开发。事实上，正是这些成熟的劳动力组成了最被低估和未被充分利用的企业资源。同样重要的是，我们相信，这个被低估的群体既是当前职场混乱的主要原因，也是其破解之法。

现实3：职业模式变化影响所有年龄段的人

经常有报道称，千禧一代是真正的技术爱好者，他们是最有能力掌握正在改变世界的技术的一个群体。人们还普遍认为千禧一代改变了职场，因为他们天生喜欢技术，而且倾向于将生活的平衡置于企业或职业忠诚度之上（吴、施维茨、莱昂斯，2010）。对千禧一代的描述还包括自主、乐观、追求成就、规避风险、缺乏专注力以及渴望被关注。他们还给人留下了这样的印象——他们坚信自己是"正确的"，认为他们能够解决前几代人未能解决的难题。更要紧的是，人们普遍认为，千禧一代对企业不像他们的前辈那样忠诚，而且很快就会跳槽——原因通常是为了寻找更能满足他们需求的工作机会。简而言之，千禧一代被认为是一个推动变革的因素，而企业为迎合他们，正在采取激进的措施，甚至不惜做出一些荒诞之事。相反，婴儿潮一代则被刻板地描述成专注的、物质至上的工作狂。一般化的结论通常是不可信的，不过这似乎无关紧要，因为人们的主观看法是有力量的。企业即使把婴儿潮一代视为知识宝库，也不会将其视为人才资源。

> 对一代人的有些设想反映的是年轻人的特征，而有时它们反映的却是那一代人中所有群体的共同特征。

当然，千禧一代并非第一个打破现状的群体，过去的其他职场新人们也曾质疑过现行的等级结构与工作方式。就在几十年前，X一代还被贴上了"懒惰一代"的标签，在他们之前，婴儿潮一代被认为"反主流文化"。今日种种与过去年轻人发起的挑战相比，其区别在于企业对这些表达的反应。明智的企业有充分的理由去尽力回应年轻员工的诉求，而不是想当然地假设这一代人会随着时间的流逝而随波逐流。千禧一代庞大的劳动力规模——他们比整个加拿大及其他司法管辖区的婴儿潮一代的人口都要多——促使明智的企业关注他们。但是，许多企业在尽力减少人员流动、创造一个舒适的职场环境时，主要关心的却是这个新兴的、需求极高的群体，并一味地迎合和取悦他们。

然而，我们认为千禧一代并非影响当今劳动力与职场的最重要的因素，我们当然应该考虑他们，但他们仅仅是整个职场生态的一部分。千禧一代不是我们所见的这些变革的主要驱动力，他们也无法解答这些变革制造的难题。而这正是问题所在。

企业过分强调顺应千禧一代，必然会带来一个严重后果，那就是在现有员工的基础上，中老年员工的价值被低估了，再加上忽视知识转移（这一主题我们将在第7章详述）。的确，人们普遍认为年长员工拥有可以分享的重要的知识；他们常被视为企业记忆的保管人，如果没有其他特点的话，他们可能还会因为这一特点而受到重视。但不太为人所知的是，除了将他们的知识传授给下一代，年长员工也能做出重大贡献。借用马克·吐温的话来说，有关年长员工退出组织生活的报道被大大夸大了。

正如千禧一代无法解决难题一样，单凭婴儿潮一代也难以找到答案。解决问题的真正关键在于联合所有人，包括可怜的、被遗忘的X一代。

> 把画面拉远可以将更大的画面——所有员工——都纳入镜头中。

实际上，虽然我们的工作、方法和观点都强调婴儿潮一代的重要作用，但我们探讨的是他们在代际结构而非多代结构中的作用。正如布劳内尔（Brownell）与雷斯尼克（Resnick）所言（2005），虽然人们一般认为这两个术语并非同义词，但它们经常被互换使用。多代分析旨在根据出生于不同时代的人的差异来界定与区分各代人，而代际分析是在所有群体都受到重视且被考虑时，分析可能发生的事情。虽然各代人之间的确可能存在差异，但我们不想夸大或扭曲这些差异来得出不符合实情的结论。在一个拥有多代员工的企业中，这样的零和游戏时刻在进行着，资源分配给某个群体，就必定要以牺牲另一个群体的利益为代价。而在代际企业中，投资跨代项目可以惠及所有年龄段的员工。

———— 实 例 📄 观 察 ————

当今，主流言论还包括"多代劳动力"一词。我们主张更换用语，以便更准确地反映观点，建议使用更合适的"代际劳动力"一词。"多"强调的是众多的出生于不同时代的人，重点在于层次、数量与各代人之间的差异。"际"含有两代之间关系的意思，还暗指由这些关系创建的矩阵。

新职业生涯阶段改变职业时间线

平均寿命的延长已经使人们产生诸多推论，而且催生了很多关于新的生命阶段出现的文章。加拿大研究人员苏珊娜·库克博士将这个新的生命阶段形容为一个"重定向"时期

（库克，2015）。

2011年，马克·弗里德曼（Marc Freedman）在他的新书《大转变》（*The Big Shift*）中呼吁人们重视他说的"返场职业"——在这一阶段，50岁以上的劳动力的潜力被用来解决世界上最严峻的一些挑战。自该书面世以来，弗里德曼与他创办的"返场组织"一直在合作、咨询与策划一些项目，帮助50岁以上的人过渡到以团体为基础的社会性角色。结果，包括哥伦比亚大学、康奈尔大学、哈佛大学和斯坦福大学在内的超过15所美国著名的院校都开设了越来越多的"EncoreU"项目（返场组织，2017）。

返场组织及其附属的合作伙伴与组织都属于第1章提到的社会变革组织的例子。当变革不限于某个组织、部门或地区，而是成为更广泛的社会变革的一部分时，这些组织就会应运而生。

到目前为止，这些项目与研究任务大部分聚焦于寿命延长对个人的影响，它们引发了大量的行动手册、研讨会和通报的产生，旨在帮助逐渐老去的婴儿潮一代在他们五六十岁甚至更大年纪的时候重塑自我。但是，仅有少数主流机构旨在帮助企业利用这些新的资源。虽然劳动力供应侧意识到婴儿潮一代是新的经济生产力的来源之一，但职场还未调整其对处于职业生涯后期的员工参与度的看法，依然执着于解决自己认为的劳动

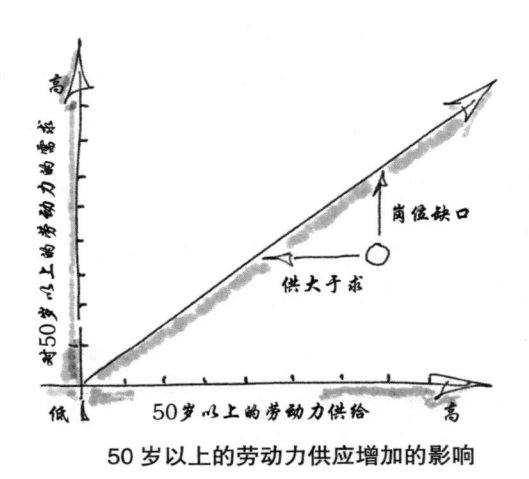

力过剩的问题。

50 岁以上的劳动力供应增加的影响

（图中标注：纵轴"对50岁以上劳动力的需求"，横轴"50岁以上的劳动力供给"，低—高；图中标注"岗位缺口"、"供大于求"）

在讨论企业可以做出哪些战略转变来对未开发的人才资源加以利用之前，我们先要认识到寿命延长对个人职业生涯的影响。在过去，人们会一直工作到 60 岁或 65 岁，在有资格领取养老金之后退休。按常理，退休后，人就不再积极参与工作了，而是将重心转移到家庭、朋友、社团以及个人事务上。无论你是蓝领工人还是白领职业人士，退休后都可以自由地沉浸在纯粹的娱乐活动中。也许你会参加保龄球联赛、学习天文学课程或周游世界。你可以尝试写作、玩桥牌，考虑买房车，或决定在雕塑界一展身手。无论之前的职业生涯如何，在为时不多的晚年时光里，退休都被认为是你恣意享受人生的最后机会。大学增设了继续教育课程，邮轮公司增加了船队数量，退休群体像美国南部泛滥成灾的野葛一样迅速蔓延。

毋庸置疑，这种浪漫的退休观念从来就不是完全正确的。尽管如此，人们依然对此深信不疑。即使过去和现在有许多成功企业的例子，这些企业的创始人是在他们50多岁、60多岁甚至更高龄的时候创办企业的——这证明，退休生活从来就没有定式可言。但可以肯定的是，寿命的延长改变了人们的生命历程，如今大多数人盼望比过去的退休者多活几十年。今天，有关老龄化劳动力的讨论不计其数，它甚至时常成为各种会议、研讨会与董事会的中心主题，但重点往往有误。寿命延长对生产力的影响远比其对劳动力平均年龄等统计数字的影响大得多，寿命延长带来的是能力的提高，而非仅仅是实际年龄的增长。

退休有自己的神话。

20世纪30年代，美国颁布了社会保障法，设定了人们有资格享受退休福利的具体年龄。当时，人们的预期寿命还不到62岁，而退休年龄被设为65岁。如今，50岁、60岁、70岁甚至更大岁数的员工很少还遵循传统的退休模式，按要求退出劳动力市场，而且他们直到更高龄的时候才会出现与年龄相关的衰老迹象。结果，一个新的职业阶段出现了，我们称之为"传承职业"阶段（泰勒，2017a、2017b）。

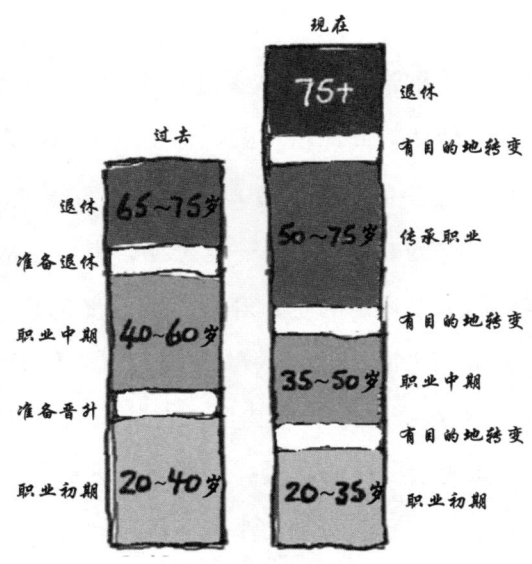

职业年龄线发生改变

弗里德曼讲的"返场职业"侧重于志愿性和非营利性的工作，而传承职业则有着更广泛的定义。拥有传承职业的职员都在某个特定的行业、岗位、企业有着数十年的工作经验，他们意识到在职业中期阶段之后会有一个新的职业阶段。唐纳德·舒伯（1957）的一本权威著作将基于人生阶段的职业模型定格在65岁，而库克博士的论文（2015）及后续研究工作则为舒伯的模型增添了一个新阶段，库克将其称为"重定向"。我们认为，重定向是实现一个成功的传承职业必需的关键行动。

那些有能力的人，那些通过重新思考、重新定义以及重新定位他们的工作而不断精进的人,可以享受成功而有价值的传承职业。有些人有很多选择,而其他人的选择则是有限的。通常,有关晚年职业转变的讨论都被批评是精英主义的,因为它们只适用于那些可以在有经济保障的前提下选择下一步的人,而对于那些受到经济、教育或当地就业机会的限制,根本无法奢望在工作上有任何变动的人来说,这些论断根本不适用。然而,我们断言,所有人都可以拥有这个新的职业阶段。随着寿命的延长,我们会进入一个与中年生活完全不同的新的生活阶段,这一转变的成功取决于两件事:提前意识到这一转变即将到来;雇主与雇员承诺为这一转变做好准备。

与其他职业阶段一样,几乎所有人都可以"有目的地转变"。无论是有关未来的工作,还是有关某些职业的消失带来的影响,今天的这些讨论都不仅仅局限于年长员工。可是,人们还是会默认有些员工无法做出转变,因为他们身处特定的行业或地区,或受到教育水平的限制,这类假设会对更多人造成不良影响。假如给予适当的扶持,一线的收银员、工厂工人以及其他"处境堪忧"的员工都可以通过培训走上新的工作岗位,但人们必须普遍意识到他们需要得到适当的帮助。员工若想认清他们面临的风险和可选择的选项,就需要运用新方法。雇主则需要转变视角,重新思考如何通过鼓励基层管理人员提高职业能力与发展职业技能,来应对劳动力的变化。

———— 实 例 📄 观 察 ————

有目的地转变是一种职业能力，也已经成为一项员工必备技能。以前的员工都是在企业提供的结构范围内筹划下一步的职业发展，而今天的员工往往有更大的控制权和更多的选择。个人需要基于自己当前的需求、才能、兴趣领域和市场，确定自己的关键性的职业标准。虽然这些标准可能会随着时间的推移而改变，但是，制定原则、评估选项和选择下一个职业方向的过程，不仅对于应届毕业生至关重要，对于处于职业中期，"中场休息"后又重返职场的专业人士，或发现自己不再有工作热情的50岁以上的员工来说，其意义也是非同小可的。

> 💡 虽然我们的寿命延长了，但职业中期阶段并未延长，相反，一个新的职业阶段出现了。

职业不仅是一份工作或一个角色，它还包含一系列的活动。为了享有一份令人满意的传承职业，个人必须在一系列提供安稳保障的工作安排与提高生活质量的兴趣爱好之间权衡，按照自己的意愿分配时间，这些工作可以是全职、兼职、季节性或灵活就业的，还包括可能在未来带来新的工作安排的创业或风险投资。

随着我们从一个为我们的下一步职业发展做准备的社会过渡到一个在整个职业生涯中不断"有目的地转变"的社会，职业道路与职业模式也在发生转变，这种新模式下的职业生涯实际上是符合当今的预期寿命模型的。

企业必须适应新的职业现实

许多企业一直鼓励婴儿潮一代对自己的职业道路重燃热情。从美国退休者协会（AARP）的"重塑自我"项目到瑞尔森大学国家老龄问题研究所，针对个人的通报与规划数不胜数。但与此同时，企业内部缺少相应的能力建设。主流媒体大肆宣传婴儿潮一代的重要性，但婴儿潮一代认识到了自己在职场中的选择有限，而企业又将由此引起的幻灭和抱怨误解为年龄增长导致能力下降，认为它反映出这个群体对企业的用处已所剩无几，于是二者之间的鸿沟越来越大。

在本书里，我们将破解有关年长员工这个群体的普遍误区——认为他们比年轻员工耗费的成本更高、生产力更低且更脆弱。尽管多数企业对有关这个群体的成见和误解信以为真，并且想方设法地摆脱他们，但研究与统计数据证明这些企业大错特错。来自布鲁金斯学会（Brookings Institution）的加里·波特勒斯（Gary Burtless）报道了美国社会保障局的一项研究结果，该研究旨在了解过去25年间，年长员工是否对生产率产生了负面影响（波特勒斯，2013）。波特勒斯表示，研究发现事实并非如此，企业应该增加而非减少对年长员工的依赖。无独有偶，加拿大商业发展银行的首席经济师皮埃尔·克劳鲁（Pierre Cléroux）预测，由于婴儿潮一代陆续退休，而能够填补空缺职位的年轻员工越来越少，劳动力将会出现短缺（加拿大商业发展银行，2013）。克劳鲁强调，年长员工经验丰富且普遍具有良好的职业道德。他还称这个群体最适合解决即将到来的劳动力短缺问题。克劳鲁还表示，如果企业认为员工在65岁之后就无法做出贡献了，那么企业已经落伍，需要认真反思一下了。

研究人员与商务专家坚信年长员工提供的是优势而非劣势，其背后的原因像年长员工的技能与才华一样多种多样（范达伦、亨金斯、席佩斯，2010）。实际上，根据现行的商业标准，研究表明，选择留在职场的年长员工的生产力、干劲和贡献都胜过年轻同事。虽然他们的认知能力可能会下降，但新技术与其丰富的经验足以弥补这一短板。

这群人就是婴儿潮一代——

> 人力资本的成本一般占运营支出的70%，未能充分利用可用的这一部分人才资源导致企业成本极高。

他们是一群成熟的人，他们在 65 岁之后比以往任何时代的同龄人都更健康、更有动力、更具活力。相比后辈，他们往往更精通人情世故，并且组成了一个丰富的人才宝库——这个宝库现在就在企业的员工名单上。2011 年，加拿大统计局所称的"成熟员工"（年龄在 55 岁及以上）占加拿大劳动力总量的 18% 以上（加拿大统计局，2014）。

但是，大部分企业刚刚开始评估如何对待成熟员工（库克、鲁盖特，2017）。对于那些已经着手解决这一问题的企业来说，它们的职业道路、人才项目和劳动力规划往往基于过时的假设——这些假设更符合 1935 年的情况，因为当时法定退休年龄是 65 岁。

———— 实 例 观 察 ————

不久前，泰勒与一群来自加拿大和英国的人坐在一起促膝长谈，在场的人都年过半百。

他们自发地开始谈论起英国政府将领取国家养老金的年龄提高到 70 岁的举措。一位女士惊讶地脱口而出："你能想象吗？"接着，她演示了当一位客户给企业致电时将发生的情景。她模仿一位 70 岁的接待员，用颤颤巍巍的嗓音接电话，完全搞不懂对方的意图的情景。

在场的人都笑了起来,直到泰勒一语道破实情。她指出,在座的这些人中有许多人年逾七十,而他们的嗓音听起来并不虚弱,人也不容易犯糊涂。这一发现至关重要,因为年龄歧视深深植根于文化中,甚至当我们自己就是被讨论的年龄群体中的一员时,我们都会让一些刻板印象影响自己对现实的看法。即使这些刻板印象与我们自身的真实经历相悖,我们也倾向于接受它。

同样重要,但最常被忽略的是,研究表明:受教育程度与退休意愿之间存在直接的联系,员工的受教育程度越高,退休年龄就越高(波林,2014)。就员工对企业的价值而言,研究表明,推迟退休的成熟员工比普通员工的受教育程度更高、技能更娴熟、更有动力。美国人力资源管理协会(SHRM)最近的一份报告显示:"成熟员工——通常指50岁或55岁以上的劳动者——在数十年的工作中积累了丰富的经验与技能。留住优秀的成熟员工,并招聘新员工是大多数企业的上上策。"(波林,2014)

所以,与其让他们出局或退休,不如制定新的策略,留住资深人才,激发他们的工作兴趣,利用他们的专业才能,发挥他们的优势。企业应该意识到,这是建立持久的劳动力优势并从中获利的良机。

老龄歧视：最后一种被"默许"的歧视

———— 实例 观察 ————

杰克是利博的一位客户，他是加拿大一家全球通信企业的销售总监，该企业还入围了《财富》世界500强企业榜单。66岁那年，他离开了就职的企业，因为他厌倦了不断向美国管理层解释为什么加拿大人与美国人不同，解释为何美式销售方法不适合加拿大市场。按照企业的指标，他的工作表现无可挑剔，但他觉得自己从未真正成功地令企业满足加拿大买家的需求。杰克知道企业的首要目标是首次公开募股，也知道长期的销售与服务不如短期收入重要，但他认为自己并未向客户提供他能提供的最好的服务——这让他一直很苦恼。

杰克是一个善于推己及人的人，他觉得自己的诚信岌岌可危。作为一名训练有素的工程师、身经百战的问题解决者与习惯性创新者，杰克提出了一系列建议。他与管理层交流是否能调到其他岗位，他认为这个建议对企业是有重大利好的。因为他了解加拿大买家，所以他主动提出降薪，建议企业将他调至一个兼职性质的岗位，从事实施、策划与后续服务工作，结果企业对他的建议不感兴趣。他提出了一系列针对加拿大买家的创新项目，被对方拒绝了。他又提出了其他几条能够充分利用他的见识、技能与专业知识的可行性建议，再次被拒绝。

杰克提出的职位之前并不存在，他不知道企业究竟是害怕开创先例还是认为他的建议毫无价值。不过，无论是哪一种，企业的态度似乎都很坚决。杰克感觉自己受够了，于是递交了辞呈，这令管理层很失望，因为他们原本希望杰克继续待在原岗位上。

在退休16个月之后，杰克意识到，自己主要的工作动力一直来源于帮助服务对象解决问题。无论是从事基层销售工作还是担任领导角色，他的乐趣都来自于帮助他人找到实现目标的方法。所以，与许多处境相同的人一样，杰克在家得宝（Home Depot）找到了一份工作，利用他对木制工艺的热情与创新才能帮助他人实现目标。收入低不是问题，令他欣慰的是，这份工作能让他的脸上一直洋溢着笑容。而他曾经就职的那家企业却失去了一次创新和变革的机会。

企业是否有意歧视年长者并不重要。带有年龄歧视色彩的语言、观念与规范已经成为当今社会和职场文化的一个重要组成部分，以至于其常常被忽略、无视，甚至受到保护。正如老年活动家阿什顿·阿普尔怀特（Ashton Applewhite）在其著作《这把椅子真棒》（*This Chair Rocks*, 2016）中指出的那样，年龄歧视是日常生活的一部分，从打招呼时说的"他们看起来比实际年龄年轻"，到数百条强调某人的年纪是能力衰退原因的评论与玩笑。

第一部分　未来的工作：理论模型与框架

实例 观察

2016年秋，泰勒参加了一个晚间研讨会，主题是与政坛的性别歧视做斗争，并设法在2020年之前增加加拿大政治领导层中的女性人数。时任妇女地位部长帕蒂·哈伊杜（Patty Hajdu）女士也参加了会议，她在发言结束时表示，年轻女性代表出现在下议院的时代已经过去。她还问听众是否注意到某位部长的年龄。借助谷歌搜索便知，这位"老"政治家66岁了。泰勒正打算靠近麦克风，驳斥这种公然用年龄歧视来打压性别歧视的号召，结果听众高呼"这是年龄歧视"。泰勒认为，这种突然的、自发的听众反应在10年前根本不会出现。无论如何，眼见会议室出现这种反应，哈伊杜部长开始为自己打圆场，说自己与刚才提到的那位部长私交甚好，她经常拿他的年纪开玩笑。

后来，泰勒给哈伊杜部长写了一封信，信中写道："年龄歧视普遍存在，只是我们常常意识不到，甚至无意中成为这种不良现象的助推者。我请你想一想，一旦你的言论被认定为年龄歧视，究竟是什么使你仅仅因为那只是你和麦卡勒姆部长之间的玩笑就原谅了自己。假如他在会议上对你发表带有性别歧视的言论，你们的私交肯定不足以让你原谅他。"

即使那些理应带头反对下意识的年龄歧视言论的人，也常常发现自己陷入固有的模式之中。

企业明白不能因为年龄歧视员工，然而，它们每天都在想方设法地用语言表明，40岁以上的求职者无须递交求职申请。《快公司》(*Fast Company*)与《财富》杂志发现，越来越多的企业在招聘信息中增添了"数字原住民"(Digital Native)[①]一词，以此表明它们希望找到更年轻的人才（勒尔，2016）。最近在脸书上出现了一篇招聘行政助理的帖子，希望招聘一个"年轻有抱负"的人，这不仅表明了企业的招聘基于年龄，还显示出它们落入了许多对于年龄的成见陷阱，这些是我们将在本书中部探讨的话题，即认为年长员工成本高、生产力低、难以培训。虽然目前的研究表明，期盼任何年龄群体具有同质性是不合理的，但我们仍会给各个年龄段的群体贴上单一标签，却忽视群体中不同个体的差异性（莱昂斯、施维茨，2016）。企业会将这种刻板印象应用于各个年龄群体，并依据这些标签做决策，所以消除这些与年龄有关的误解至关重要。

———————— 实 例 观 察 ————————

托德是利博的一位客户，他是在50岁生日不久之后开始察觉

[①] 译者注：数字原住民，意为"80后"甚至更年轻的一代人，他们一出生就面对着一个无所不在的网络世界。对他们而言，网络就是生活环境，数字化是他们从小就开始体验的生存方式。

到工作中存在年龄歧视现象的。托德拥有工程学学位与人因工程学博士学位，他不仅是一名普通的网站规划师，还是一名用户体验设计师。

托德聪明、有创造力，而且才华横溢。他斩获了一些设计大奖，多年来一直拒绝猎头抛来的橄榄枝。由于健康问题，他拒绝了原来的企业给他提供的高级副总裁职位，乐于在一家高科技咨询机构中担任中层经理。他很享受自己作为领导者、创意提供者与导师的角色。他的客户也喜欢他，他的设计屡获国际大奖。

随着团队中年轻成员的技术日臻娴熟，托德开始注意到，许多人只是单纯为了改变而改变——他并不赞同这种做法。他指出，他们过去提出的多项调整建议，无论在实用性还是美观度上都没有任何提升作用。他还提醒团队，他默许的几项改动最终都令终端客户失望至极，怨声载道。托德坚持认为，好的设计要求每个改动都能提升用户体验，而不是令用户一头雾水。

但是，托德的上司——一个比他年轻10岁的新任副总裁并不这么认为。他喜欢为了改变而改变的观念，并认为用户应该习惯这种变化。他还认为托德应该与时俱进，因为这是一项收费工作，而且还很"酷"。

托德不认为这种做法很"酷"，他很快意识到他在新项目中被忽略了。"年轻人应付得来，"他的上司说，"没有你，他们也能搞定。"还有一次，这位上司的话更加尖锐："我们需要一些新想法。"托德开始觉得自己被边缘化了，他怀疑自己随时可能被勒令拎包走人，他的档案也会被贴上"愚蠢"的标签。

于是，托德开始找其他工作，结果发现，简历上20多年的工作经验反倒令他失去了许多本应属于他的工作机会。事实上，他连一次回电都没有接到过。

在一次晚宴上，托德遇到了一位猎头，这位猎头告诉他，自己从来不会把45岁以上的求职者推荐给高科技企业客户。"年纪太大了，"他说，"我的客户会不高兴的。只有年轻人才能真正玩转那些技术，明白吗？"猎头说的这番话大概就是他的内心所想。

于是，托德删除了简历中那些恼人的细节。果然，在发出第一次求职申请后他便收到了面试邀请。当然，他得到了那份工作——就在他被原来的企业解雇之前。

年龄与技术

要谈论未来的工作与风云变幻的职场动态，就不得不承认技术的飞速发展造成的影响。人们每天都在讨论，在自动化程度越来越高的未来，哪些工作会继续存在。技术革命已经开始兑现最初的承诺，我们实现了工作方式的转变、互联互通与自动化，有了电子邮件、Skype、云技术、虚拟协作空间、应用程序和可穿戴技术，我们随时随地都能高效工作。随着机器人取代人工来执行订单、接听电话或者给刚下生产线的汽车装配备胎，我们看到了更多机器人代替人工的例子。尽管如此，本书的主题并非技术，而是人员结构的变化给职场带来的影响。我们关注的是，在技术进步的背景下，对于年龄的预设或对于人员结构的刻板印象限制了企业利用时机的可能性。这就是未来的工作。

我们总是能听到关于婴儿潮一代技术能力有限的评论，虽然年轻一代一出生便身处一个科技发达的世界里，但婴儿潮一代的大多数人已经成功融入了今天的技术世界，只有一丝口音能表明这些技术语言并非他们的"母语"。事实上，婴儿潮一代的大多数人在努力引领潮流，因为他们意识到，若非如此，他们将被贴上"老古董"的标签。

实 例　　观 察

不久前，利博在逛商场的时候，在一个手机柜台前停下来问路。柜台后一个热情的年轻人给她指了路，随后问她是否需要了解一下新款手机。

"不用了，谢谢。"利博说道，"我对现在的手机很满意。"

"是一部翻盖手机吗？"年轻人问道。

利博准备走开，但又想听听对方为何如此猜测，于是转过身，问他为何会认为她拥有的是一部翻盖手机。

"嗯，"他解释说，"大多数人到了一定年纪就会害怕科技，他们不会摆弄新手机，所以就使用翻盖手机。"利博满脸疑惑。

"如果你问服务供应商，他们也会这么告诉你的。"他继续说，"拿出来瞧瞧，大部分老年人用翻盖手机。这是事实。"

或许对方的理论适用于21世纪，但利博想不起身边有任何朋友、同事或同龄人用翻盖手机——一个也没有！而且他们基本都"到了一定年纪"。那位年轻人的话惹恼了她，他俩的对话也反映出对老年人刻板印象的问题，而这往往大错特错。

"那是我听过的最愚蠢的事。"利博说道。

工作场所的转变真实地发生在一位62岁的销售代表身上，他用自己智能手机里的一个应用程序记录销售电话，等到晚上和周末，他在家中登录账户获取这些信息；同样，一位25岁的营销助理在过去半年间去办公室办公的次数屈指可数。

即使技术世界的外来人口也能成为技术专家。

显然，技术已经改变了我们的工作方式，也改变了完成工作的对象。由此衍生出的另一个观点是：技术是人力的替代品，技术的发展和进步导致无数岗位消失。虽然技术确实取代了一些人工，但同时为那些必须支持新技术运行的人创造了无数的就业岗位，这也是事实。随着新旧岗位的更替与转变，所有的员工比以往任何时候都更需要看清前方的道路，学会如何完成有目的地转变。

────── 实例 📄 观察 ──────

最近，泰勒与一家制造厂的总经理共度了一个下午。在交谈过程中，这位总经理告诉泰勒，技术进步正在造成严重的技术人才短缺，这将成为他未来几年最优先考虑的人才问题之一。该厂的设备已经久未更新了，因此算不上"先进"了。不仅如此，旧设备在几年内不会有重大升级，那么该厂还会出现数百个空缺职位，因为如此落后的技术环境是无法吸引和留住应届毕业生的。而就在200公里范围内又新建了一座电厂，该电厂也需要具备类似技能的员工。因此，一场抢夺人才的竞争使这个原本就举步维艰的工厂雪上加霜。

技术进步驱使企业纷纷制定针对处于职业中后期的人才的招聘策略，因为它们逐渐意识到，千禧一代可能永远无法担任核心职位。长期的职业考量是非常重要的。从历史经验来看，员工都是从企业的基层岗位开始晋升的，如果千禧一代拒绝基层岗位，无法从一线视角了解企业的运营，那他们未来如何能成为企业的领导者？或者，企业是否可以制订一些短期方案，利用婴儿潮一代维持企业运营，同时制订针对开始从高中毕业的Z世代的长期计划？

今天的职场关注的不是工作地点，不是集资方式，也不是如何优化运营。相反，它关注的是由何人承担何种工作，部分原因在于人力资源研究员乔希·伯辛所说的"全球人才短缺"（伯辛，2012）。根据伯辛及其他研究员的说法，千禧一代的准备工作、经验与技能使其不足以在苛刻的职场中脱颖而出。虽然他们可能有一些天赋，在许多领域有高超的技能，但他们的不足之处似乎在于所谓的"软技能"——通常是那些需要经验打磨的技能。如果企业想要利用不断变化的劳动力，那么就应该关注具备更强的职业能力和更开阔的思维的群体。

> 技术革命催生了一场更人性化的革命。

职场已与昨日不同

今天的职场与父辈曾身处的那个职场有所不同，假如你年过四十，那么今天的职场与你当初刚进入时的那个职场也不一样。我们生活在一个发生重大变革的时代，这些变革比以往的革命浪潮具有更深刻的个人色彩。人才革命挑战的是我们工作

第一部分　未来的工作：理论模型与框架

的本质、我们自身的价值，以及劳动力对所有经济组织造成的整体影响。

是否参与这场革命不由我们自己做主。在接下来的章节中，我们将阐述每一个影响职场的重大变化。是成为人才策略的革新者，还是这场革命的牺牲品，这完全取决于我们的选择。成为新趋势的早期接纳者的确会面临一些风险，但观望太久以致错过变革时机的落后者会面临更大的风险。

> 人才革命不由个体选择，你的参与是有时效性的。

现在正是你的"金发姑娘"[①]时刻。此刻加入这场革命，虽已不早，但仍未晚，时机刚刚好。的确，对于那些想要利用老龄化劳动力的企业来说，现在就是改革的最好时机。尽管改革有时会经历阵痛，但我们认为，未来十年里，人才将成为商业的颠覆者。与之相伴的是，个人以及雇佣他们的企业将获得无数的机会。

这是一个前所未有的职场，在这里，思想领袖将建立新的机制，对新形势下的有利条件加以利用——甚至在我们观察的时候，就有大量的有利条件正在被浪费。这些有利条件并非无形，我们必须将它们揭示出来。对于寻求竞争优势的企业，我们为其提供了一个不同的视角，来重新理解人员结构与职场变化，并为

---

① 译者注："金发姑娘"源于童话故事《金发姑娘与三只小熊》，此处比喻不偏向极端的状态。

正在发生的变革提供新的应对方法。我们建议诸位认清这个动荡的时代，并将眼下的变革正名为人才革命。

要点汇总

- 过去对劳动力的预判已不再可靠；许多人的职业轨迹发生了变化。
- 在当今职场，年龄歧视是无形的，十分严重，令人窒息。
- 我们必须适应新的职业现实，以潜在的机会助力企业成长和盈利。
- 参与这场人才革命是有时效性的。

行动指南：请在第 11 章中了解人力资源主管如何发挥领导作用。

第一部分　未来的工作：理论模型与框架

4
企业一览：失灵的人才扶梯

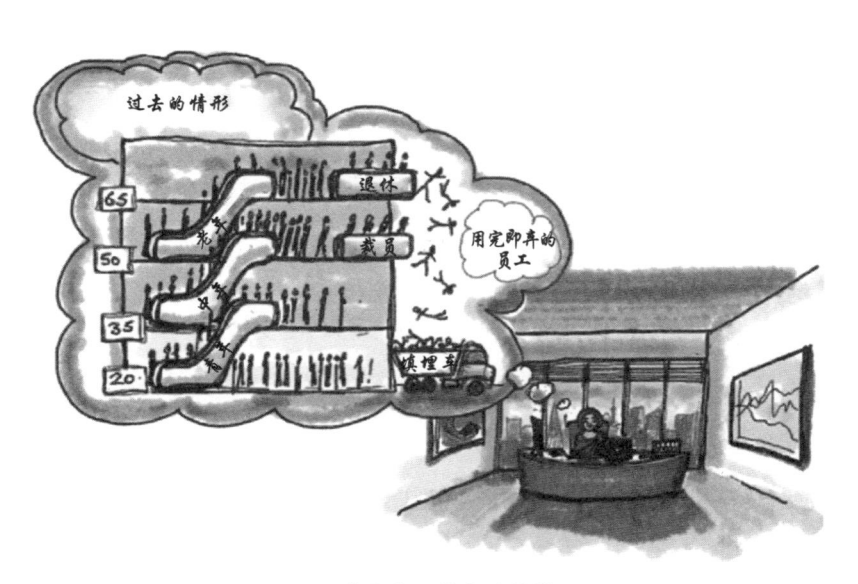

企业失灵的人才扶梯

若想给你的环境分析增添新维度并改善劳动力规划，至关重要的就是必须了解企业现有的职业模型与劳动力结构。本章将探讨传统企业职业模型带来的机会、障碍与影响。

当前，企业的晋升扶梯并不起作用，它已经形式化、无法运行了，这使它显得陈旧过时。而无论是一栋建筑还是企业的职业模型，一旦结构陈旧过时就必须将其翻新或拆除。鉴于当前的企业职业模型缺少灵活性，又难以适应不断变化的劳动力结构，在将过时的职业道路模式与我们提出的成功策略进行对比后，我们确信当前的模型应该被彻底拆除。

为证明职业革命已经对你的企业产生了影响，我们在前面先给诸位展示一幅失灵的企业人才扶梯的漫画，再详述它为何会失灵，以及一台失灵的人才扶梯正在给你造成怎样的损失。

企业人才阶梯

今天的企业职业模型是建立在大量的制度实践之上的，这些实践与不断变化的劳动力实际严重脱节。该模型的首要设定是，如果有出色的业务能力而且工作努力认真，你就会在企业里不断晋升，因为企业都是家长式的，你可以指望它们顾全你的利益。但革命的钟摆已经开始摆动了，职业所有权再次落入员工手中，传统的职场职业结构已无法如预期一般发挥作用了（莱昂斯等，2012）。假如这些结构依然奏效，那么跳槽就不会成为千禧一代的新常态了（迈斯特，2012）。实际上，按照盖洛普咨询公司（Gallup）的作家艾米·阿德金斯（Amy

Adkins)在2016年的说法,所谓"躁动的心",意味着在千禧一代中有60%的人愿意辞职去别处寻找机会。假如员工能够在整个职业生涯中享有平稳晋升的保障,那么千禧一代将倾向于在同一家企业一直待到退休,或者说至少会比现在待更长的时间。事实是,他们中的大多数在几十个月之后便跳槽了(美国劳工统计局,2018)。

加拿大统计局将工作任期划分为多个不同的种类,而美国劳工统计局(2018)则报告称,员工在同一家企业就职的平均时长为男性4.3年、女性4.0年。2013年,在《福布斯》的一篇在线文章中,珍妮·梅斯特(Jeanne Meister)报道了一项由MultipleGenerations@Work发起的调查,调查对象为1189名职员和150名管理人员。结果显示,在千禧一代中,91%的人希望自己在同一个岗位上的时间不超过3年——这意味着,他们在职业生涯中从事的工作数量将达到惊人的15~20份。值得注意的是,婴儿潮一代在年轻时更换工作的频率与之相当,但他们往往是在同一家企业的内部调换岗位,所以二者的情况是不一样的;婴儿潮一代似乎有更强的持久力。平心而论,今天的频繁跳槽现象反映出的更多的是千禧一代的少不更事,它并不足以证明这个群体的特征(莱昂斯、库伦,2013)。尽管如此,千禧一代辞职的速度对他们的雇主来说是一个现实问题。

更重要的是,如果目前的职场道路对雇主来说行之有效,那么北美的企业就无须迫切地裁掉成熟员工了。他们就不会将成熟员工视为高成本、低回报的员工，也不会认为他们阻碍了系统的运行，更不会让可能具有生产力的员工在一旁干等，所有的员工在退休前都会被平等地视为对企业有贡献的成员。然而，实际上，企业确实想裁掉年长员工，而且越快越好。虽然年龄歧视是违法的，但已经如此根深蒂固，以至于个人简历上丰富的工作履历反倒成为一种警告，提醒招聘人员与人事经理不要招聘他（阿普尔怀特，2016）。残酷的现实是，企业无法有效利用全部劳动力，导致人才要么原地踏步，要么选择离开。

> 在职业生涯早期，人们频繁地调换工作是很常见的。

我们之所以用自动扶梯来比喻现有的职场职业模型，是因为每个人都可以将自动扶梯想象成一个运行的阶梯，它能以一个恒定的速度载着人向上运行。扶梯上的人可以选择比系统更快的速度前进，但前提是上面的台阶有空位。我们请诸位将当前的职场职业结构想象成一台人才扶梯。我们断言，这台扶梯已经失灵了，不仅如此，当今职场的诸多问题大部分要归咎于人才扶梯的失灵。实际上，我们认为诸位的企业一定也存在人才扶梯失灵的问题。

请不要将我们提出的人才扶梯的概念与企业的晋升阶梯概念混为一谈。在我们提出的"扶梯"上，一个人的事业发展是基于时间的，而非基于专业能力的进步。无论职位高低，只要受雇于

第一部分　未来的工作：理论模型与框架

人，人们就身处这台扶梯之上。从人才规划、固定职业道路和养老金结构的角度来看，这台扶梯实在是太短了，它无法与寿命延长带来的现实问题匹配。它早早地将员工送上了扶梯的顶端，而实际上，员工还能在未来很长一段时间内继续为职场贡献力量。

即使你的战略思维与众不同，即使你已经成功实施了新的突破性项目的重大转型升级，我们依然认为，你的企业存在未开发的人才资源与过时的职业结构，这些都会阻碍你充分利用全部的劳动力资源。我们之所以对此深信不疑，是因为每天都能看到这样的例子。

请想象这样一幅画面。当一位员工被雇佣时，他就踏上了这台扶梯的第一级台阶；随着事业的发展，他又迈上了第二级台阶。偶尔会有人从身后赶上来，甚至越过他到达扶梯的顶端，但总体来说，这个系统一直在运行，每个人都在以可预测的速度不断上升。一旦离职，员工就走下了这台扶梯，很难重回原位，也没有任何简单的机制能令其重新加入这个"梯队"。一个人的职业道路亦是如此，这种情况会一直持续下去，直到退休的日子悄然临近。

当一个员工即将退休时，他面临的挑战少了，所得也少了，一般也不会试图升职了，那么他脚下的扶梯就会逐渐变平。人们认为这可以确保婴儿潮一代要么彻底退出劳动力市场，要么待在顶端停滞不前。每当脚下的扶梯不再上升、逐渐变平的时候，他们就会后退。这种组织结构阻碍了后辈员工的晋升，埋没了整个系统的人才。其结果是，无论是出于自主选择还是为生活所迫，五六十岁的员工每天依然重返职场，在扶梯的顶层原地踏步，就像在跑步机上一样——他们被困在了同一个地方、同一个岗位上，妨碍了年轻员工的进步，干扰了他们的自我实现，阻碍了系统运行，影响了整个企业。

> 你的企业的年长员工被困在了人才跑步机上。

失灵的人才扶梯是阻碍企业发展的一个主要因素，它会使整个系统陷入混乱状态。它会助长一种自满和懒惰的企业文化，造成系统功能障碍和人心涣散，影响生产力、员工敬业度和企业收入。这种专门为促进员工职业发展而建立的组织结构未能奏效，因为太多员工被困在了原地。

实例 观察

"career"（职业）一词源于拉丁语"carrus"，指的是四轮马车、运货马车或双轮马车。这个词在词源学上是有深意的，因为有了马车，你就可以带上所需的设备和工具周游四方。在当今人才革命方兴未艾的状态下，我们还不清楚什么样的比喻能恰当地取代职业阶梯、格架、攀爬架和刚才提出的自动扶梯等，但是，将职业形容为一种能载人去往任何方向、任意地方的交通工具，这种想法是很有意思的（CERIC，2016）。

第一部分　未来的工作：理论模型与框架

你的人才扶梯为何失灵

人才扶梯失灵的一个根本原因在于它的长度。扶梯结构长度太短，没有考虑到寿命延长与相应的个人职业生涯延长的问题。虽然近年来在劳动力规划方面已经出现了许多改进，但大家仍高度关注当今职场性质的改变、自动化的影响以及目前的技术发展水平，而对于寿命延长带来的潜在劳动力分析不足。颇具讽刺意味的是，在这个时代，我们常说"时间是世界上最宝贵的商品"，却忽略了每个人多出来的几十年时间。在这段时间内，个人能够提高生产力，增强企业竞争力。更重要的是，额外的工作时间可以积累丰富的知识资本。利用成熟群体中的可用人才并非对老龄化劳动力施加恩惠，相反是一种明智的商业行为，因为发掘了一个潜在的人才库。

你的人才扶梯太短了。

转移与发展顶端人才

引发人才扶梯失灵的第二个原因在于所谓的"劳动总量"。长久以来，人们一直认为经济中的岗位数量是有限的。假如这是真的，那就意味着应届毕业生在找工作时面临的部分困难，是由年长员工没有"按时"退休造成的。劳动总量论的支持者认为，由于工作总量是有限的，新员工进入职场或员工晋升的唯一方法，就是让现有职位上的人离职。这种谬论一直被用来阻止女性进入职场（假如她们进入职场，那男性怎么办？），或阻止外来移民进入某一特定地区（假如他们进入该地区，当地人怎么找工作？）(Bishop 公司, 2016)。

但是，在1891年，经济学家 D. F. 施洛斯（D.F. Schloss）提出了"劳动总量谬误"概念，并解释称，"要完成的工作总量有限"的想法是错误的。事实上，经济中的工作总量是无限的，"劳动总量"这个概念本身就是一个谬误。于是，"劳动总量谬误"这个说法很快便成为经济学家的常用词语。今天，经济学家与政治学家认为，"劳动总量"的观点是大错特错的，因为它会导致大规模裁员与高失业率，引发人们对移民群体的愤怒，促使政商两界做出糟糕的决策。但有时，当经济不景气的时候，工作总量有限的观点又会死灰复燃。经济学家往往对此嗤之以鼻，并再次不厌其烦地解释：有待完成的工作总量是无限的（Bishop 公司, 2016）。

2008年，西方发达国家经济形势一落千丈，大量退休储备金打了水漂，无数年长员工被迫继续留在劳动力市场。这时，"工作总量有限"的说法再度出现。婴儿潮一代被指责破坏了职场本就运行迟缓的系统，因为系统里根本没有能容纳他们的位置。但研究表明，在经合组织成员国中，在年长员工的劳动参与率提高的同时，青年员工就业率也在增加（戴尔森、里德－马尔维，1996）。

《经济学人》分析了年长员工的劳动力市场参与度与年轻员工的求职机会之间的关联性。在对经合组织国家的研究中，研究者发现二者之间存在关联，但与人们预想的不同。实际上，这项研究得出了一个惊人的、颠覆性的结论。研究发现，当年长员工从事经济活动的时间更长时，年轻人的失业率就会下降。显然，经验丰富的劳动力可以为经验不足的劳动力创造就业机会（《经济学人》，2012）。

> 当年长员工得到合理安排时，年轻员工就业率就会增加。

重新审视"劳动总量"

"如果年长员工不退休，那么他们将破坏整个系统"，如今人们已普遍认为这一观点是错误的。但问题在于，当代经济学家对于这个概念存在争议。越来越多的经济学家认为，将"劳动总量"这个概念称为谬误是不对的，也就是说，破坏系统的"劳动总量"可能是真实存在的。

我们也赞同这一看法。从理论上讲，全世界有待完成的工作总量可能确实是无限的，但在每一个企业的内部，工资与福利的预算却是有限的，需要填补的职位空缺也是有限的。正如许多经济学家承认的那样，在现实世界中，"劳动总量"的概念也许根本不是谬误。

假如年长员工无法利用他们宝贵的经验，那么他们的确会威胁到年轻员工的就业与晋升。打个比方，假如一位年长员工只是从事一份简单的基层工作，而不是运用其丰富的经验协助企业开展培训活动、开发员工能力、提升运营效率或创新实践活动，那么这位员工也许占据了一份应届毕业生也能完成得很好的工作。而对企业来说，聘用应届毕业生显然成本更低。

如今，绝大部分企业的人才扶梯顶端有冗余劳动力，企业需将这部分人才安置他处。具有讽刺意味的是，最强烈地主张延长职业道路、正式制定新的人事安排并发展新模式的人，恰恰是构成冗余劳动力的这群人。我们做的非正式调查证实了我们的假设，即在职的婴儿潮一代渴望获得机会，将其从现在的岗位调换到不同的、有意义的、合适的岗位上，以满足他们已发生转变的需求，发挥他们的才干，点燃他们的激情。同时，这些岗位又能与市场同步。

> 让婴儿潮一代沦为冗余劳动力，就会使人才扶梯失灵。

但是，没有人问过他们究竟还能做些什么。相反，企业释放的信号表明，企业希望他们离开。奇怪的是，我们目睹的职业所有权转换的第一个重大行为，竟然是婴儿潮一代集体做出不屈从于企业的退休压力、继续留任的决定。

第一部分　未来的工作：理论模型与框架

人才扶梯失灵的代价

人才扶梯失灵造成的最显著的问题是成本高昂。对人才扶梯的任何部分管理不善都会带来相应的成本与风险，有些易于衡量，直接体现在财务报表上，有些意义重大却难以量化，比如对品牌的影响、对员工敬业度的影响、错失的良机，以及效率与生产力降低等。

在与北美各地员工的接触过程中，我们发现，大部分继续留在这台"职业跑步机"上的人之所以这么做，是因为他们已经习惯了这样的生活，虽然被困在顶端的滋味并不好受，但总比踏入未知领域好得多。尽管有些人这样做是出于恐惧，而其他人则是由于生活所需或环境所迫，但允许整个群体随着年龄增长原地踏步只会适得其反，逐渐摧毁这些员工对自己能够为企业做出实际贡献的信心。

随着越来越多的员工达到了传统的退休年龄，人才扶梯的顶端聚集了越来越多的人，他们都被困在自己的位置上，没有任何积极因素推动他们前进。此外，在他们原地踏步的同时，他们会令身后的人们越发感觉到自己拥有的选择和机会十分有限。最终，这种人才积压现象会一直向下传递到第一级台阶，而最年轻的新员工刚刚踏上这一级台阶，开始考虑自己是否愿意走上这条特殊的晋升之路。

这种自动扶梯式的职业道路结构与渴望成就自我的千禧一代格格不入，他们迫切渴望为"自我公司"尽心尽力。一位刚毕业的大学生抬头望着长长的人才扶梯，望见人们都被困在自己所在的台阶上，前方的系统水泄不通。为了帮助他适应新角色，企业可能会从最拥挤的那层台阶上为他选择一位师傅。但他的师傅会或明或暗地提示他，无聊是这里的常态。在这个大沙盒里，即使你能游刃有余地过关斩将，最后依然只会待在原地，哪儿也去不了。在这个企业里，人们对于自己的职业生涯并非享有完全的控制权。

新员工坚信他们对自己的职业生涯拥有完全的自主权，而企业内部正式的职业道路与模式采用的是家长式结构，二者之间的矛盾使新员工谨慎地开启自己的职业生涯。他们可能开始会对这种职业道路表示认同，但在大多数情况下，在踏上超过一两级台阶之前，他们就已经放弃了这条路，走下扶梯，转向了另一个方向——这印证了人们对千禧一代频繁跳槽的普遍认知。人才扶梯失灵的成本是巨大的（库克、鲁盖特，2017）。库克与鲁盖特认为，假如雇主采取良好的人才管理措施，合理利用年长员工，他们将收获诸多益处。库克与鲁盖特将这些益处一一记录了下来，包括能获得更好的问题解决能力和决策能力、更低的人员流失率与旷工率，以及提高将培训与学习

> 被困在扶梯顶端的员工会影响整个企业的员工文化。

第一部分 未来的工作：理论模型与框架

融入商业实践的能力。在本书中，我们将破除一些常见的职场误区，并深入探讨这些益处（库克、鲁盖特，2017）。

2007年，美国人力资源管理协会曾发布一项大规模调查的结果，该调查邀请人力资源从业者展望未来，并确定到2015年该行业的重点事项。报告指出，人力资源专家预测，在未来数年里，他们面临的头号挑战将是培养下一代企业领导人（美国人力资源管理协会，2007）。虽然该报告是在10多年前完成的，但显然无论是现在还是未来，人力资源主管的工作重心都将放在企业最年轻的员工身上。

尽管如此，美国人力资源管理协会正在收集一系列有关年长员工价值的数据与报告，目的在于找出留住他们的最佳方法。你能允许对手抢先一步，率先掌握利用这一潜在人才库的方法吗？

通过对北美50多家企业的研究，我们确定了人才扶梯每一层台阶所对应的成本与风险。首先，我们发现，对扶梯顶层的员工（年长员工）管理不善产生的间接成本或软成本会直接导致招聘硬成本的增加。换言之，已经离职或将要离职的员工都在谈论你的企业——他们最好能有积极评价，因为他们的言论将成为企业品牌的一部分。而且，新员工的入职成本、产生生产力的时间成本、留任成本也都会受到新员工对企业文化的认知的影响。如果他们一入职就师从懒散的年长员工，那么从长远来看，这将耗费企业巨大的时间成本。其次，如果企业想要留住员工，就必须确保他们会成为企业文化的守护者。例如，年长员工必须是新员工想效仿的榜样。最后，雇佣关系至关重要，假如千禧一代和Z世代发现企业虐待或忽视任何员工，那他们就会重新考虑是否留在这里。

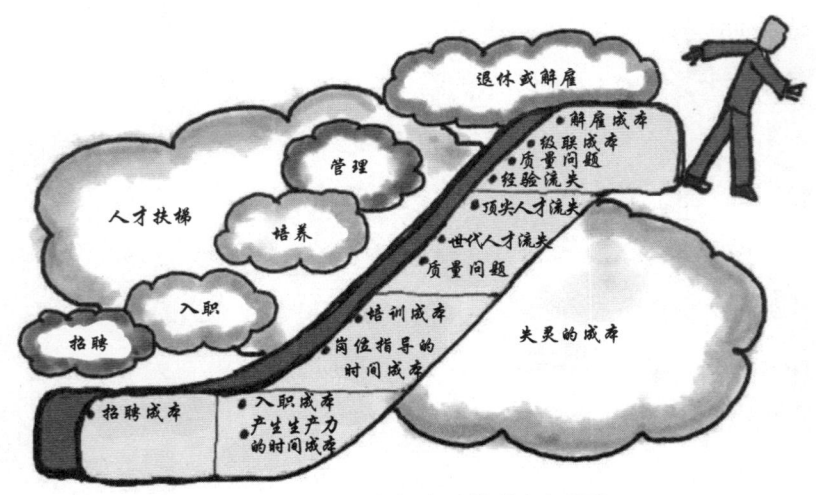

人才扶梯每层台阶的成本与风险

在多数企业中，企业会优先考虑人才扶梯最底层的年轻员工，企业资源被用于加大招聘力度、强化企业品牌与实施创新性的入职计划——这一切都是为了增加应届毕业生在工作18~24个月之后的留任率。从表面上看，Z世代与千禧一代成为人才管理战略的优先关注对象是有道理的。要知道，大多数企业正在为大批年长员工的离职做准备，他们对此十分担忧，所以急于招到新员工，以便在失去最有经验的员工之前完成对新员工的教育、整合与指导工作。企业也需要为中层领导和执行岗位储备人才，因此将快速培养员工领导能力作为首要任务。

整个扶梯的上下两端都将发生重大变化。这一切看似合理，直至你突然意识到自己对顶层员工的关注几乎为零。你对他们的情况一无所知。假如企业想要确保自己的劳动力在未来十年内保持稳定、可持续发展，并且能成为最重要的竞争优势，那么就必须把关注点颠倒过来。需要被企业重点关注的，恰恰是扶梯的另一端！

要点汇总

- 你的企业存在人才扶梯失灵的现象。
- 你的年长员工被困在原地踏步的人才跑步机之上。
- 人才扶梯失灵将产生巨额成本。
- 被困于人才扶梯顶层的员工会影响整个企业的员工文化。
- 企业需要新的职业发展模型，以顺应当今劳动力的结构与需求。

行动指南：请跳至第 10 章了解首席执行官的关键行动。

第二部分

纠偏补弊　拨乱反正

第二部分　纠偏补弊　拨乱反正

5
从理论到实践：误区与谎言的代价

雇主对年长员工存在错误认知

员工参与人才革命的愿望与企业进行变革的意愿之间存在着一条鸿沟，这条鸿沟被谣言填满。我们称之为谬论或彻头彻尾的谎言，阻碍企业从年长的劳动力群体获取竞争优势。

在本章中，我们将提出一种方法来破除这些误区，并根据研究与实践进行引导和干预。社会心理学家专门研究人类行为，在过去的 25 年间，多位社会心理学家重点关注人类如何彼此形成印象，并如何基于这些印象做出决定。研究人员研究了信仰与影响，探索了态度与冲突，分析了"人类借以做出判断的推理规则"（昆达，1999：3）。事实表明，我们人类倾向于对他人进行归类，并基于这些类别形成观点、做出决定。换句话说，我们将分类或刻板印象作为偏见的依据，并基于这些偏见做出决定。种族、性别与年龄，是我们形成观点时常见的三大依据（昆达，1999）。

我们在此只关注年龄，但必须意识到基于年龄对人形成刻板印象的做法会滋生出对于老龄化的根深蒂固的错误观念，而且对年长员工的刻板印象会给职场带来严重后果。这些刻板印象为何一直存在，答案并不清楚。有时人们将其视为真理，仅仅因为它们长久以来一直存在。有时人们相信它们，是因为从某种程度上来看，它们的确有一定道理。这也许是因为我们害怕面对即将到来的变革，又缺乏深入的分析或有说服力的数据来澄清事实。心理学家斯瓦茨（Swartz）、纽曼（Newman）和利奇（Leach）在 2016 年对真相的揭露过程进行了研究，发现越是试图纠偏补弊，越会强化相关的谬论。但是，并非所有研究人员都赞同这一观点。J. 伯杰（J. Berger）教授（畅销书《疯传》

一书的作者）提出了人类分享（正确或错误的）信息的其他原因，他坚持认为人类这么做是出于利己而非利他的目的（伯杰，2014）。但无论原因究竟是什么，反对变革往往会被视为"合情合理"的反对。遗憾的是，这些反对并非基于逻辑或任何一种理性思维，它们只是建立在偏见之上，不仅削弱了创造力，还对企业积极应对人才革命造成了重大的、持续性的阻力。

众多谣言在我们的企业内自由传播，有些会随着时间的流逝而消散，有些会短暂爆发后迅速消失，还有一些似乎将永久存在，或像打地鼠游戏里的地鼠一样有规律地反复冒头。我们于此讨论的那些似乎能永久存在的谣言，对其扎根的文化具有深远的影响。

通过研究，我们确定了5个"一直存在"的误区，它们破坏企业的劳动力战略，影响人们对老龄化劳动力的态度与利用方式。不仅如此，它们还给反对变革的人提供了充分的反对理由，即使这些人已经意识到典型的职业周期已无法像过去那样运转了。在多数情况下，与我们对年龄歧视的调查结果一样，高管们并不打算忽略、边缘化或抛弃员工，但是，他们对于我们已在上文探讨过的一些宏观趋势确实存在误解。

我们发现，多数企业都对以下几种观点信以为真。尽管将它们明确地表述出来可能有违政策甚至法规，但企业依然会传达出这些信息，而员工们也会明白无误地接收它们。

雇主相信：

- 雇佣年长员工的成本高于年轻员工。
- 对员工的职业生涯设定一个"保质期"是明智的做法。
- 对超过一定年龄的员工进行培训是在浪费宝贵的投资资金。
- 年长员工的生产力不及年轻员工。
- 年长员工普遍存在绩效问题，且难以管理或提高。

我们观察到，在加拿大和美国的企业中，上述 5 个误区或多或少地普遍存在。然而，这 5 个结论都是错误的，而且每个结论都可能给企业带来巨大损失。观察结果证实了这一点，经验教训证实了这一点，研究成果也证实了这一点，可这些误区依旧存在。

其实，这些误区的存在并不奇怪，因为我们本就生活在一个充斥着假新闻和另类事实的时代。加拿大记者史蒂夫·派金（Steve Paikin）发表评论称，没有什么事比听到政客、企业高管与各种团体的领导人说"我不清楚事实，但我认为……"更令人担忧（派金，2017）。实际上，我们信以为真的东西往往被等同于经过证明的真理，当涉及年长员工的问题时，这一点同样在发挥作用。雇主还未对他们的年长员工进行任何研究，便坚信上述错误观点，且认为年长员工正在影响企业的发展。虽然这些观点缺少数据支持，但他们深信不疑。雇主在此基础上制定策略无疑是十分危险的。

有时，这些误区的存在及其影响很难被辨识或量化。在工作中，我们采取基于"反对即需求"的方法来深挖表象下的深层原因，如此一来，我们制定的战术和策略就能直击要害。在后续的章节中，我们将详细探讨几大误区。

在每个案例中，我们都要花上数小时倾听企业领导表达的担忧与异议——他们总能找到理由解释为何"失灵的人才扶梯"无法被修复，为何培训年长员工并非明智之举，以及为何雇佣年长员工成本高昂。通过对这些谬论的分析，我们清楚地意识到，每一个误区的背后都潜藏着一个企业需求。我们必须承认这些潜在需求的存在，并将其作为可行方案的一部分加以解决，否则企业永远看不到任何新方案的好处。

严格破除误区之法

———— 实 例 观 察 ————

商业与职业导师迈克尔·埃林（Michael Ehling）长期以来一直倡导将反对转化为需求。当人们认为某项特定的变革不能或不应发生时，他们使用的反对理由往往是情绪化的或非逻辑性的。埃林将这些反对意见称为"没错，但是"，这一短语常被用来阻止变革发生。"没错，但是"常被用于以下句式，"没错，但是……如果我们做了 X，那么 Y 就会发生，所以不能这么做"。你甚至会注意到，在翻阅这本书时，自己也不自觉地说了几句"没错，但是"。

如果用谷歌搜索"没错，但是"，你会得到 100 多万条结果，这无疑证明了这条短语的威力。"没错，但是"或一般的反对意见格外珍贵，因为它们能告诉我们哪些领域需要更多的信息，哪些领域需要运用新方法来解决问题。仅仅对"没错，但是"进行反驳只会让反对者感到沮丧或被忽视，而将这条短语转化为需求则能够激发建设性的思考。通常，在每一条反对意见中都会有几个——有时是许多——隐藏的、不明确的需求。通过直面反对意见，并以"我们需要"作为开关重新陈述，解决问题的新契机就会出现。

一系列需求将左右企业用以参考的数据或制定决策的标准。对于过去一直受阻的领域，如今人们正致力于寻找新的解决方案，以满足所有人的需求。

> 反对意见可以被转化为具体的、清晰的需求。

确定这些需求之后，让我们再次回到帮助企业处理反对意见的主题上，以便同时解决和消除多个误区。你会看到这些误区背后的所有需求都至少符合 4 个关键行动领域中的一个。

这4个关键行动领域包含以下要求：

1. 更新关于职业和寿命延长的企业思维与心态。

2. 实行个性化的人才管理与职业规划，避免基于年龄对员工进行分类。

3. 确保使用准确的、新的数据与分析结果来创建企业未来的劳动力模型与职场模型。

4. 进一步提升企业管理人员的职业能力。

快速解决问题的办法，就是意识到自己正陷入这些误区。但仅仅意识到这一点还不够，还有很多事要做。我们先对这五大误区进行分析，再进一步探索并制定解决方案（见表5-1）。在本书的后续部分，我们将提供一幅路线图来帮助各位在上文提到的4个行动领域的基础上制定新的方案。表5-2将帮你确定你的企业中存在哪些问题，以便采取干预措施。利用书中的干预措施建议，你可以将要解决的问题进行优先级排序。

表5-1 五大误区对应的潜在需求和新事实

误区	潜在需求	未被发现的新事实
雇佣年长员工的成本太高	• 仔细了解在你的劳动力模型中，实际成本究竟是多少	• 雇佣年长员工的成本低于预期 • 新模型能带来物有所值的选择

续表

误区	潜在需求	未被发现的新事实
雇佣年长员工的成本太高	• 重新思考那些带有年龄歧视色彩的规定 • 为企业和员工提供明智的职业选择 • 推动管理者与员工开展能建立关系的讨论，避免陷入刻板的法律条文式的行为准则之中 • 确保不再沿用失效的措施	
对年长员工的培训是成本，而非投资	• 将资源配置与职业规划建立在真实数据的基础之上 • 以新的职业时间线为基础，建立员工培训与管理培训项目 • 摒弃20世纪30年代的思维，在建设企业文化上进行创新	• 终身学习项目可以整合所有年龄段的员工，使整个企业受益 • 一旦得到新的培训机会，年长员工就会东山再起
员工也有"最佳保质期"	• 抛弃具有20世纪30年代思维特征的人才结构 • 认识到每个人在不同的时间会因不同的原因发生职业转变，这种转变并非基于年龄变化 • 能够预测未来的劳动力变化的方法 • 贯穿整个职业生涯的有意义的培训与职业发展规划 • 在探讨未来的机会时，员工与管理人员考虑的不仅是薪资，还有职业兴趣与爱好 • 将"衰退""衰老"与"成熟"区分开来	• 贡献价值的能力（而非实际年龄）才是企业制定劳动力政策与决策的驱动力

续表

误区	潜在需求	未被发现的新事实
年长员工的生产力不及年轻员工	• 为收集数据建立可靠的方法与指标 • 灵活选择，以提高生产率	• 一旦得到新的培训机会，年长员工就会东山再起 • 年长员工可以选择横向调动或转变职业方向来重整旗鼓
对年长员工的绩效管理方式是特殊的	• 确定绩效出现问题的原因，不要笼统地将其归咎于员工年龄的增长 • 重视年龄多样性，并意识到一直存在的年龄歧视现象 • 创建代际文化计划 • 确保所有年龄段的员工都面临挑战，并不断成长 • 无论员工处于哪个年龄段，其绩效问题都需要迅速解决	• 企业期望所有员工产生高绩效

表 5-2 确定企业中是否存在误区

误区	不存在	可能存在	存在
与资金有关的误区			
与最佳绩效有关的误区			

对不存在的误区的干预建议:

- 提醒领导团队防微杜渐,揭示企业内部存在的误区。
- 至少每个季度进行一次测试,通过提问来判断管理人员或员工是否陷入这些误区。

对可能存在的误区的干预建议:

- 通过提问来判断是否存在误区。
- 由 2~3 名领导人员来对问题定性,并采取措施来确定某个误区对业务的影响。

对存在误区的干预建议:

- 由 2~3 名领导人员来对问题定性,并采取措施来确定某个误区对业务的影响。
- 关注人们相信误区并将其作为反对意见的原因,即其潜在的需求。
- 将该需求与我们总结的五大误区进行对照,以确定关键行动领域。
- 安排一次由高管及其他领导者参加的会议,利用数据与新思维等解决相关问题。想象一下,假如企业内部不存在某个误区,现状又会有何不同。

第二部分 纠偏补弊 拨乱反正

6
成本误区

破除高薪误区和预算浪费误区

虽然人们一般认为，将降低成本与提高利润作为企业目标是明智之举，但如果你和我们共事过的众多企业领导一样，那么你的衡量标准可能有误，你的战略结果也会严重偏离目标，因为这些目标都是基于过时的或错误的假设和预期制定的。你完全有可能多年来一直使用同一套标准与方法——这些体系并未考虑到当今劳动力发生的变化。

许多领导者相信年长员工比其他劳动力群体成本更高，他们在缺少数据支持的情况下就将这个"成本误区"当作了绝对真理。但是，接受毫无根据的观点不仅愚蠢至极，更会带来严重后果。错误的前提会导致糟糕的决定——这些决定会影响员工士气、生产力与利润。仅仅比较时薪或年薪是不明智的，因为这样做没有考虑附加价值。尽管如此，有关年长员工成本过高的误区依然存在。在此，我们将破除两个普遍存在的误区，它们可能让你的企业付出远超预想的代价。

高薪误区

所有人都知道年长员工成本过高。假如在一群猎头或人力资源专家之中提起这个话题，你将会反复听到这样的说法，就像身处回音室中一样。人们普遍认为年长员工的相关成本高得离谱，所以基于降低薪资、缩减养老金与福利待遇的经济学理论，用年轻员工取代年长员工是上策。不仅如此，由于企业认为，相比年轻员工，年长员工薪资福利成本更高但生产力更低，所以他们倾向于打压年长员工或将他们从工资单上彻底除名。

实际情况

在通常情况下，工作几十年的人的薪酬与福利会高于新员工。但过去几十年的数据显示，一名员工的收入潜力会在 40~45 岁时达到顶峰（顾威纳等，2015）。单纯比较年长员工与年轻员工的时薪，却不加上入职、培训、产生生产力的时间以及替换等成本的计算，是严重的错误。一个残酷的事实摆在眼前：实际上，从长远来看，年长的、更有经验的员工花费的成本可能与年轻员工相当，甚至更低。在美国管理协会出版的一本实用指南中，W. 罗斯维尔（W. Rothwell）等人提醒管理者："虽然有终身职位的员工有权获得更多的休假时间和与工作年限相关的养老金费用，但更换员工并非没有成本。"（罗斯维尔等，2008: 43）实际上，与新员工的入职和培训相关的费用通常会占一名员工第一年薪资的93%（罗斯维尔等，2008）。

———— 实 例 📄 观 察 ————

罗伯特是美国一家玩具制造企业加拿大分部的总裁。该企业的加拿大分部招聘了5000名员工，在其成本结构中，劳动力成本占总直接成本的4%~6%，而美国总部的这一数值达到了20%。

经过数月的讨论，罗伯特最终大失所望，因为他没能说服总部撤销将生产线从加拿大转移到拉丁美洲的决定。拉丁美洲的时薪固然更低，但产品质量会下降，运输及其他成本也会增加。

加拿大的工厂关门了，其业务向南转移，但节省成本的愿望一直未能实现，而罗伯特也离开了。在进入自己的传承职业阶段之后，罗伯特发现，企业虽掌握了数据，但没能成功运用。他还断言，在劳动力老龄化的问题上，数据甚至无法被探讨，因为劳动力老龄化的实际成本是未知的，而且往往被低估。

研究还表明，年长员工的休假时间短于他们的年轻同事，这通常是因为他们不再负担抚养孩子的责任（鲁佳德，2015）。除此之外，他们的伤病情况也更少，因为他们已经学会如何将风险降到最低。但一涉及年长员工时，事实却无法对企业的战略施加应有的影响。我们也许生活在一个充斥着虚假新闻与虚构事实的时代，但如果我们想在商业、创造力、生产力与利润方面引领世界，就不能将假设、刻板印象与误区当作真理，更何况无人证实、无人挑战它们的真伪。现在看来，认为年长员工的成本高于年轻员工的观点似乎盖过了一切反面证据。

在回顾美国和英国的判例法时，妮娜·阿龙-申克（Pnina Alon-Shenker）发现，在美国和英国，员工如果因为成本原因被解雇或不被雇佣,几乎得不到任何保护。她列举了多个事例,在这些事例中,成本理由都不充分或根本不存在,但英国与美国的法院似乎承认雇主出于假定的成本理由解雇年长员工的做法是合理的,即使在多数情况下,研究与证据都表明雇主并没有明显的成本负担。不过,阿龙-申克断言,虽然法院很可能将继续赞同雇主以成本为由解雇或拒绝雇佣员工,但这一问题会变得更加复杂,因为法律要求这类决定必须遵守人权法,而人权法禁止将成本决策建立在对年龄的刻板印象上(阿龙-申克,2014)。在这里,事实起了作用。雇主可能会提出年长员工成本更高的理由,但法院必须评估这一说法,确保其建立在完整、可验证的信息之上。

顺便说一句,假如你在网上搜索计算员工实际成本的可靠公式,你会得到1130万条结果,许多网站还提供便捷的免费成本核算服务。我们浏览了前50条结果,发现它们虽然考虑了税收、福利和管理费用等直接成本,有些还加入了办公设施和交通费用等间接成本,但没有一个公式考虑到经验或专业知识的价值,也没有将员工留任或离职的成本考虑进来。

💡 企业往往不了解员工的实际成本。

大企业通常使用专门软件,并启用会计团队来核算成本,我们想知道,它们在核算在职员工的实际成本时，究竟有没有考虑新的职场人员结构与员工的价值和开销。

虽然比较年长员工与年轻员工的固有印象的研究数量有限，但我们的客户反映，年长员工更守时、更可靠、休假时间更少，并且在为其发展投资后他们的离职率更低。这种评价符合为数不多的被公布的研究结果（范达伦、亨金斯、席佩斯，2010）。不仅如此，成熟员工所需的培训和监督更少，并且往往能生产出更高质量的产品，这些本身就具有积极的经济效益（美国家庭与工作协会）。此外，我们的客户工作让我们得出这样的结论：薪水并不是成熟员工最重要的职业驱动力，他们往往愿意以低得多的薪水工作，从而转入他们期望的职业生涯的后半程。

———— 实 例 📄 观 察 ————

查尔斯在一个小镇上创办了一家报社，该社出版的报纸以高质量的报道和出色的文笔而闻名。实际上，自6年前创刊以来，该报已获得了多个奖项，这一成功在很大程度上归功于天才主编杰夫。

当杰夫接受了大城市的一家报社抛出的橄榄枝时，查尔斯表示理解并祝他一切顺利，之后便开始寻找杰夫的继任者。几个月来，查尔斯浏览了几十份文笔拙劣的个人简历，最终选择了南希。她是一位刚毕业的新闻专业学生，表现出了极高的热情与学习意愿。

但是，查尔斯很快发现，南希显然无法胜任这份工作。虽然她毕业于新闻类院校，却没有掌握语法和准确使用标点符号——这些都是报纸编辑的必备技能。同样令他头疼的是，南希不知道如何组织一篇新闻报道。更糟的是，由于缺少经验与敏锐的判断力，她无法判断出哪些新闻对当地居民来说是最重要的，因而常常忽略或埋没那些本应成为头条的新闻。

查尔斯只得求助于利博。在对南希的技能进行评估之后，利博建议，假如查尔斯希望南希成长并胜任当前工作，那他就必须不断提供补救性的帮助。查尔斯采纳了这个建议，聘请一位退休的新闻学教授每周辅导南希两次。

在此期间，除了继续全额支付南希的薪水，查尔斯还要给她的导师支付薪酬，同时还被迫承担了南希的大部分工作。虽然南希的技能在缓慢提升，但很显然，想要具备胜任这份工作所需的能力，她还需要数年的历练。

8个月之后，南希辞职了。无论从情感上还是经济上来说，这都是一次代价高昂的经历。查尔斯痛下决心，从此只聘用经验丰富的编辑。

人力资源专家认为，年长员工比年轻员工福利成本更高、生产力更低的看法是错误的。宾夕法尼亚大学沃顿人力资源中心主任、管理学教授彼得·卡佩利说："这两方面的顾虑都是多余的。虽然年长员工需要更长的时间才能从伤病中恢复过来，但研究表明，他们的病假总天数少于年轻员工的。"（引自 Knowledge@Wharton，2010）根据卡佩利的观点，年长员工的医疗费用实际上更低，因为大多数年长员工的家中不再有需要他们支付医疗费用的儿童。美国工人年满 65 岁也有资格享受医疗保险，这可以进一步缩减雇主的医疗成本（Knowledge@Wharton，2010）。对加拿大人来说，医疗费用根本不成问题，而澳大利亚的一项比较年轻员工与年长员工成本的研究也得出了类似的结论，支持企业对年长员工进行投资（布鲁克，2003）。

在一篇在线论文中，美国退休人员协会也引用了卡佩利教授的一段话，称他"更仔细地分析了这些刻板印象，综合考量了经济学、人口学与心理学等领域的多项研究成果"（里德，2013）。卡佩利说："随着年龄的增长，我们在工作方方面面的表现都在日臻完善……年长员工的优越表现与职场对他们的歧视并存，实在没有道理。"（被里德引用，2013）

同样值得关注的是，加拿大政府的老年人事务处开展的一项研究显示：全国各地的雇主都相信，他们雇佣的 50 岁以上的员工只要继续工作,就愿意领着不变的薪水,在同样的岗位上一直待下去。但我们的研究表明,研究人员在调查并采访这些员工时惊讶地发现,这种想法完全是雇主的一厢情愿(卡斯泰尔斯、基翁,2009)。

> 研究表明,年长员工的人力成本并不比其他员工群体高。

大多数受访者表示,他们想要改善生活与工作之间的平衡,并乐意拿出一部分薪水去换取一个机会,让他们可以少管几个人,少开几次会,在日程安排和工作时间上拥有更大的灵活性。对研究结果的分析清晰地显示雇主对于年长员工的兴趣、能力与潜在贡献缺乏了解,这导致其思维受到限制。

实例 观察

在这个问题上,雇主陷入了两难境地,他们担心面临"推定解雇"索赔。假如企业向成熟员工提供薪酬较低、权责范围有限的职位,他们担心这些员工嘴上说希望得到这种安排,实际上却会向他们索赔。这的确是一个值得关注的问题,因为它可能引发潜在的经济后果。

阿龙-申克(2014)指出,在其他人权领域,雇主需要证明他们给员工提供了其他选择,并且没有在受保护的人权特征方面做出歧视性的决定。在年长员工的问题上,雇主认为年龄的增加等同于成本的增加，那么这套论证方法是否同样适用？换言之，假如只给员工提供低成本的职位，那么面对员工的"推定解雇"索赔时，雇主应如何辩护呢？

这一误区——认为年长员工的成本高于年轻员工的错误观点——可能会成为限制代际劳动力发展、阻碍职场利用65岁以上员工的生产力的最大障碍。雇主陷入困境，无法为年长员工安排新的职业道路，因为这些新道路可能属于"推定解雇"的范畴。

与茫然无措的雇主一样，许多成熟员工也认为他们唯一的职业选择就是继续待在现有的高层岗位上，或者干脆离职去一家新企业，这家企业一定要重视资历丰富的年长员工或退休员工，并将其视为企业的特殊资产和竞争优势。然后，他们就在那里从事基层的零售工作。这是一种愚蠢的观点，它似乎植根于陈旧的职场结构或过时的职业道路。这当然不是年长员工唯一的选择，它们也无法令雇主支付的薪水和福利发挥最大效能。

年长员工的成本之所以飞涨，不是因为年长员工依然留在工作岗位上，而是因为他们心不在焉、无法摆脱困境、被边缘化了。他们的价值没有被充分利用——所有这些都是因为一个毫无根据的错误观点，

> 未充分利用年长员工的价值，将使企业付出高昂的代价。

即年长员工的成本高。问题不在于他们的时薪比年轻员工高，或者他们是昂贵的企业资产；相反，问题在于企业在他们的身上投资不足。

要点汇总

- 在核算员工成本时，不仅要进行简单的工资比较，还要将入职、培训、产生生产力的时间、人员更替等成本算进来，此外还需考量智慧、经验和忠诚度等难以估量的价值。
- 考虑将工作与生活的平衡这份"福利"当作备选项提供给年长员工。
- 消除年长员工的边缘化现象，从对他们的投资中获取相应价值。
- 重新考虑一下，职业所有权的变更如何能使年长员工在企业内部创造或找到有吸引力的新岗位，同时又不会使其向你发起"推定解雇"索赔。

浪费预算的误区

人们普遍认为，培训年长员工是一种成本开销而非投资。换句话说，长久以来，管理层一直认为，费心培训在职的成熟员工是在浪费资金。这一观点在许多企业中根深蒂固，它基于若干错误的假设，包括：

- 成熟员工年纪太大，学习能力差。
- 即使能学会，他们也很快就会退休，所以任何投资回报都是短期的。
- 成熟员工对培训与发展项目毫无兴趣。

我们经常会听到雇主这样说："如果预算有限，又要分配到培训、发展和与职业相关的项目上，那么为何不将那些宝贵的资金投到最年轻的员工身上？为何要把资金投到那些一生接受培训的次数最多、未来几年最可能离职的人身上呢？"

的确，为什么呢？在严峻的商业环境下，培训项目与职业管理活动往往被重新排序为有用但不紧急的活动。新员工初入职场，需要适应环境，让他们得到最多的发展资金似乎合情合理。他们是最具可塑性、最易被教化，也是最具活力的人，不是吗？

更有经验的员工需要参加的职业管理或培训项目自然更少，这种想法看似合乎逻辑，尤其当管理层忽视当前职业时间线的改变时，他们可能完全没有意识到这些项目对任何年龄段的员工都意义重大。管理人员并非故意无视年长员工，而是出于下行压力，将时间、精力与资本都集中于刚进入职场的年轻一代身上。在多数情况下，出于逻辑推理而非真正的事实促使企业领导相信，对年轻员工投资会比对年长员工投资得到更多的回报。由于年轻员工被视为企业的未来与主力军，所以针对这些员工开展的项目就被认为是对未来的投资。

企业会使用一些指标来证明这些项目的价值，比如应届毕业生留职率（在入职 24 个月之后）升高，产生生产力的时间缩减等。相反，企业很少将成熟员工纳入培训项目，即使有少数年长员工侥幸入选培训项目，企业也不会衡量其投资回报率。虽然对于"年长员工"还没有一个统一的定义，但管理层普遍认为，培训和发展成熟员工的成本要远超其收益（麦卡锡等，2014）。但是，怡安翰威特公司（Aon Hewitt）2015 年为美国退休人员协会准备的一篇报告揭露了这一观点背后的真相。报告显示，在 50 岁以上的员工身上常见的一些特质——诸如敬业、强烈的职业道德、有学识和可靠——使他们成为理想的员工，他们应该被提供一切机会，因为他们很可能以各种令你意想不到的方式给你带来回报。

当然，将年长员工排除在各种培训和发展机会之外，会使他们无法紧跟时代，进而又强化了对他们的年龄歧视和刻板印象。凭借过时的技术、风格与观点，他们不幸地成为引人瞩目的群体。

---- 实 例 📄 观 察 ----

在为《财富》杂志评定的世界500强企业举办技能建设交流研讨会的22年里,利博很少见到50岁以上的员工——不是因为他们不想参加,而是因为没有人邀请他们。在那些情况下,当年长员工请求让他们参加培训时,雇主很少会同意。但是,每一位有幸参加培训的年长员工都在"对我的工作的价值"一项上,无一例外地给出了5分满分的评价。

文斯在一家销售高级医疗器械的企业中担任一个成绩优异的销售团队的经理一职。他曾参加过利博的销售演示课程,非常珍视学到的知识,并将其视为整个团队的必备技能。他曾两次试图让团队成员参加这个项目,但他的上司每次都将年长成员的名字从名单中划去了。

尽管如此,文斯还是下定决心,希望团队所有人都能参加培训,所以他在当地总部安排了一次培训,这样就省去了解释培训支出的麻烦。他说,要让所有人都能得到应得的培训,这是唯一的办法。

研讨会结束后,文斯向利博发了一封感谢信。他在信中写道:"你给了我们打败竞争对手所需的技能,你还教给了我们一种共同的语言,我认为这同样重要。所有人都说这是一次绝佳的团建机会，但让我惊讶的是，给这次课程打分最高的人竟是团队中最年长的成员。"

实际情况

这里有一些事实需要承认。

如果你将员工视为随着时间的推移而贬值的资产，那么这些培训项目就往往是一种成本开销。只有当你将员工视为人才资产，认为其价值会随着经验与学识的积累而增加时，这些项目才算是一种投资。事实上，无论这些员工是否另谋高就，这种权益投资对他们的整个职业生涯都是颇有益处的。我们将在第10章中更详细地探讨这种人才权益的架构。

同样，与劳动力相关的项目（包括对任何员工群体的培训）往往只会带来很低的投资回报率。正因如此，它们必须经过仔细的审查、周密的设计，并分配给最有可能产生影响的特定人群。乍一看，技能培训与企业文化定位培训似乎必定有助于留住更多的千禧一代，因为他们常常抱怨自己因缺少技能被忽视，不得不去追求其他更有成就感的工作。根据德勤2016年对千禧一代的调查，"在千禧一代中，有44%的人表示，如果可以选择，他们会在未来2年内离开目前的雇主。他们本就被外界认定为缺少领导才干，感觉被忽略，工作与生活的平衡、对工作弹性的渴望以及价值观冲突等重大问题的出现进一步加剧了这种感觉"（德勤管理咨询公司，2016）。基于这些发现，将培训资金与劳动力项目对准这个关键群体的决定看似是合乎逻辑的。但这种逻辑是建立在一种直觉和对劳动力趋势的不完全理解的基础之上的——这种逻辑自然是错误的。

在 2015 年 12 月有 300 多万美国人辞职，这是该项数据 9 年多以来的最高值（吉特罗夫，2016）。正如上文所述，美国劳工统计局报告称，截至 2016 年 9 月，美国员工在一家企业内的平均任期已经下降至男性 4.3 年、女性 4.0 年。数值下降的部分原因在于进入劳动力市场的年轻人越来越多。没错，千禧一代是一个庞大的群体。在加拿大，千禧一代已经超越婴儿潮一代，成为劳动力市场中人数最多的群体。皮尤研究中心（Pew Research Center）报告称，根据美国最新的人口普查结果，"千禧一代已经超过婴儿潮一代，成为美国现有人数最多的一代人"。话虽如此，所有年龄群体的留任率都在下降，这迫使众多经济学家与企业领导反复思考彭博社的一个文章标题："千禧一代令辞职变得更普遍了吗？"（吉特罗夫，2016）

> 你需要为所有年龄段的员工制定参与战略，以便将其整合，毕竟他们每天都在一起工作，相互影响。

第二部分　纠偏补弊　拨乱反正

―――――― 实 例 📖 观 察 ――――――

一家工程公司的高管给泰勒打电话说，他的一位高层领导（我们就叫他鲍勃吧）刚刚递交了辞呈，这令他十分意外。54岁的鲍勃认为自己已经存了足够的资金，可以信心满满地离职了。他没有接受其他企业的邀请，据说也没有重新谋职的计划。就在一周前，这位高管还认为鲍勃是未来3~5年内可以承担C级职务的最佳继任候选人。

在离职对话中，鲍勃并未表达出对企业或对工作的任何不满。事实上，他还特别提到自己十分享受目前的工作，离职只是因为想要调整工作与生活之间的平衡。他还表示，由于常年待在同一个行业里，自己无法在其他领域得到发展。

这位高管与企业的众多员工都难以理解鲍勃为何会做出如此决定。一位高层领导怎么会离开热爱的岗位，然后……什么也不做？当然，鲍勃并非"什么也不做"。他四处旅游，与已成年的孩子们共度家庭时光。他还报名参加了一门有趣的课程。9个月之后，他成为一名自由职业者，帮助管理处于高速发展期的初创企业。

颇为讽刺的是，在鲍勃离开6个月后，这家工程公司设立了一个新的部门，专门负责初创企业事务。对于离职，鲍勃并不后悔,他喜欢在传承职业阶段从事自由职业,但那家企业对于鲍勃的离职以及他给其他员工带来的不利影响深感遗憾。

你的员工是一个共生的生态系统,在这个系统中,所有年龄段的人必须协同工作。企业实现任何项目目标的能力——无论是提高生产力、提高留职率还是开发技能——都取决于员工个人将自己的学识与企业的生态系统相互整合的程度。太多的企业将大量的资金投入针对毕业生的入职与留任项目中,到头来却发现,在蜜月期(一般是入职后的前12个月)结束的时候,这些员工的企业忠诚度与竞争对手的那些没参加培训的员工并没有什么区别。我们可以援引彼得·德鲁克的一句话来概括员工缺乏长期持久力的原因之一:"文化能把战略当早餐吃。"

有多少企业将导师计划纳入了新毕业生和高潜力领导的培训项目,却忽略了对导师的培训?以某一特定人群为目标,但与企业的整体文化不相符的战略性劳动力项目注定会失败。当你专注于培养职场新人,将其他员工群体排除在项目之外时,你就是在昭告所有人,你偏爱年轻员工,对最忠诚的员工视若无睹。不仅如此,你还在整个项目进程中创造了一个人为的环境,它与你的员工日日沉浸其中的文化截然不同。这样一来,年长员工变得自由散漫自然不奇怪了。

长期雇员已经不再受到任何特殊关注,反而成为职业停滞的典型例子。所有人都明白，当几代人相互竞争时，年轻员工总是更受青睐的。同样不言而喻的是，你的企业并不是一个员工想要与之"白头偕老"的地方。因此，员工在决定职业道路时都会瞄准时机，赶在今日之"我们"（年轻员工）变成明日之"他们"（年长员工）之前及时全身而退。这种思想渗透到企业文化的方方面面，而那些旨在搞团建和团结各年龄段员工的项目只会让参与其中的员工感到虚伪。在完成日常工作之余，参加旨在将知识与信息从老员工转移到新员工的特殊项目会让员工感到压迫。多数情况下，这些项目都会被冠以充满希望或讽刺性的标题，比如"逆向辅导"，这么做是为了传达一种观点，即所有人都可以从这种关系中获益，双方既有付出又有收获。但其投资回报率是很难计量的，而且项目实效往往达不到预期目标。

这里还有一个值得承认的事实。考虑到技术的飞速发展以及工作寿命延长的事实，我们几乎可以肯定的是，任何已知技术都将在一位成熟员工真正退休之前过早地沦为明日黄花。

> 企业可能在不经意间制造代沟。

所以，真正的事实是：没有经过精心设计的，或基于奇闻轶事、假设、猜测或误区而制订的劳动力计划，都是代价高昂的；它们花费时间，消耗资金，还会逐渐侵蚀企业文化。它们会在不经意间削弱年长员工的积极性，而在理论上试图让他们相信自己受到了尊重。如果你的企业重视忠诚度、职业管理、终身学习和跨代合作文化的创建，那么按照年龄划分项目不仅会产生反作用，还会危及企业的生存。

想想第 4 章中描述的"人才扶梯"，再考虑一下传承职业的重要性，你就会明白，如果想让全体员工像一个集成系统一样运行，那么上层员工就必须有机会继续前进、成长并看见未来的前进方向，而下层员工必须知道上层是怎样一番光景。实际上，这正是用扶梯来比喻的问题所在，因为它存在线性特征。在当今职场中，按照年龄对发展项目与机会进行划分会传递出一种与职场并不吻合的虚假职业信息。今天的世界瞬息万变，年长员工正在寻求成长的机会，开始追求属于自己的传承职业道路。需要牢记的是，这些员工是你最强大的品牌大使、培训师以及企业文化的守护者，无论留任还是离职，他们都是使你的企业立于不败之地的关键。对这些员工进行投资，将会比对年轻员工进行现场培训获得更大的回报。

要点汇总

- 使用优质数据。必须利用清晰、可测量的劳动力模型来评估当前结果和预测未来收益。
- 了解企业的劳动力结构，通过多种视角分析劳动力变化趋势，确保找到某个问题的根源，而不是治标不治本。

- 将各个年龄段的劳动力都纳入劳动力规划中。劳动力年龄不是企业驱动力的决定因素。确定企业潜在的业务需求或问题，让所有年龄段的员工共同解决。

- 认识到企业的文化与价值观会影响员工行为、项目采纳度与你期望的投资回报率。

- 在提供培训与发展项目时，不要忽略任何年龄段的员工。因为年龄歧视代价高昂，不仅影响全体员工的效率与生产力，还有损于企业品牌，使最忠诚的员工士气低落。

- 有观点认为，经验丰富的员工的发展需求比年轻员工少，对此应持怀疑态度。虽然他们所需的培训内容可能与年轻员工不同，但使工作群体与时俱进和积极进取，对个人还是企业的成功都是至关重要的。假如员工跟不上时代、与外界脱节，那原因很可能是你在这方面投资不足。

- 避免设立使员工脱离日常角色的人为项目。应在日常工作中注入发展机会。在由每天一起工作的各个年龄段员工组成的跨职能团队处理实际业务的过程中，成员之间能相互支持。

- 不要认为婴儿潮一代唯一的价值就是充当导师或知识保管人，寿命的延长并不会让一个人自动成为优秀的导师。但是，如果导师制是你的企业劳动力战略的组成部分，那么用导师培训就是可取的。

7
最佳绩效误区

破除对年长员工的认识误区

无论从事什么行业，最大限度地提升员工绩效都是一个永恒的目标，为实现这一目标，人们付出了极大的努力和大量的时间与金钱。但是，有一个劳动力群体却往往从一开始就处于劣势——那就是年长员工群体。在多数企业中盛行着一个根深蒂固的观点，即年长员工已经过了职业黄金期,不能或永远不会达到与年轻同事相同的绩效水平。这种观点往往是基于某个员工业务表现不佳,于是人们便想当然地用这名员工代表了整个群体。但这是一个错误的观点,而且往往会导致企业领导制定糟糕的劳动力规划战略。尽管如此,这一观点依然如顽石般牢不可破。在本章中,我们将探讨有关年长员工的此类误区,还要披露有关最佳绩效的真相——发现真相有助于提升企业的绩效。

"保质期"误区

在我们的社会中有一种观点,认为员工的"保质期"是有限的。人们普遍相信,员工会在60岁或65岁左右走到"预期工作寿命"的终点,他们的生产力和劳动价值在那时将达到极限。长久以来,65岁一直被认为是员工价值的分水岭,但基于年龄的各种限制使年龄歧视与带有年龄歧视色彩的政策长存于世,而这些政策无论对个人还是对企业都不再有任何益处。

实际情况

在今天看来,为个人对职场的贡献能力设定一个年龄时限的做法是错误的,也许一直如此。1935年,人们的平均预期寿命是62岁，美国颁布社会保障法并引入"退休年龄"这一概念。此举旨在确保即将走到生命终点的劳动者能够获得所需的经济支持，让他们能无后顾之忧地走出职场。如今，数据统计网站Stastista报告称，北美的平均预期寿命已经达到了81岁（Stastista，2016），但现在的预期工作寿命依然停留在1935年的水平。如果继续将65岁作为合理的退休年龄，我们将无法理解今天的职场结构、生活方式和工作性质与几十年前的差异。当时的人们第一次提出退休的概念，而当时的平均死亡年龄是62岁。

> 有资格领取养老金的年龄可能与劳动者退出劳动力市场的时间并不相符。

当世界各国政府都在努力重新界定领取养老金和福利的年龄时，人们很容易将这些与年龄相关的政策讨论误认为是何时退休问题的决定性答案，但这很可能是一种误判。

2016年，格拉顿（Gratton）与斯科特（Scott）在《百岁人生》（*The 100 Year Life*）一书中解释，寿命的延长抹杀了生命三阶段理论的实践性。生命三阶段理论这一陈旧的观点认为，人的一生分为三个阶段——上学、就业与退休。格拉顿与斯科特谈到，一些提倡"年龄只是数字"的活动与多领域、多层次的职业模式正在逐渐兴起。虽然65岁仍然是一个公认的标准退休年龄，但这个标准显然不合理。想想那些还有二三十年健康且充满活力的时光的人,以及那些还未察觉自己丰富的人才资源正在悄然流逝的企业,这个标准对他们来说意味着什么呢?

———— 实 例 观 察 ————

苏在波士顿的一所小学里担任了43年的校内心理医生。随着退休生活的临近,她明白自己将拥有一份不错的养老金收入,不需要额外收入来维持生活。但她是一位思维活跃、精力充沛的女性,喜欢在智力挑战中不断进步,只是还没做好准备放弃眼前的一切。

尽管如此,苏还是厌倦了学校里的官僚主义与钩心斗角。她试图在公立学校系统中继续发挥她的技能,可结果只是令她更加坚信早已看透的一切——那就是体制僵化、刻板,缺乏创造力。她在这里没有什么不一样的事情可做。只要她愿意,她可以一直待下去,但学校宁愿她离职,也不愿让她尝试新事物。经过一番深思熟虑之后,苏不情不愿地选择了退休。

后来,苏发现了一个协会,专门帮助有社交障碍的年轻人。于是,她报名成为一名志愿者,花几个月的时间了解具体情况。很快,她主动提出要成为一名私人导师,帮助那些即将踏入社会的年轻人。之后不久,她建议创立一个祖父母帮扶小组,这对现有项目是一个很好的补充。事实的确如此,而且这个小组很快就满员了。

这个协会对苏贡献的时间、精力及专业知识十分认可。如今，她每周工作3天，利用自己的技能在一个全新的领域内继续发挥余热。她的有些工作是有报酬的，有些则是无偿的。到目前为止，苏已经在这个协会里愉快地工作4年了，短时间内并无"退休"的打算。她认为，收入多少并不重要，重要的是她热爱现在的工作。她的离职对于她效力了43年的学校来说，倒是一大损失。

只有当涉及的工作需要某项特殊技能，且这种技能会随着时间的推移而退化时，我们才能认为劳动者确实正在与某个特定的"保质期"争分夺秒（费舍尔、蔡夫、索内加，2016）。即便如此，在某个特定年龄一定会出现功能衰退的说法也不一定是正确的，高强度的体力劳动、需要特别敏捷的精细动作技能的工作或要求思维极其敏捷的工作可能就属于这一类——尽管年龄的增长只是限制劳动者继续从事这些工作的若干因素之一。研究表明，受教育程度越高的人工作年限越长，虽然这可能是一个先有鸡还是先有蛋的问题，但即使考虑到体力劳动或脑力劳动，我们也不能假设所有人都在相同的年龄段开始衰老（穆内尔，2015）。

虽然不提倡对在职场工作和为社会做出贡献的劳动者设定年龄限制，但我们深知人们对年龄的偏执源于一些显著的劳动力现实。首先，身体和精力的衰退会影响一个人继续从事特定职业的能力或兴趣。不过，这些生理变化的速度与程度是因人而异的。其次，这些生理变化并不会在某个特定的年龄出现，现在它们的出现时间比过去晚得多，而且受到诸多因素的影响。无论一份工作是否需要某项特殊技能，将年龄作为决定胜任与否的唯一和决定性的因素都是极其荒谬的。有时，真正的限制因素在于缺乏最新技术。

这种基于年龄的预期会产生意想不到的后果，其中之一便是企业取消对年长员工的培训。对所有其他年龄段的人来说，培训被认为是参与工作、提高绩效的一种方法，它可以确保员工保持生产力，适应工作性质的变化，始终处于行业领先地位。但是，紧缩的预算和对其未来敬业度的假设使年长员工被排除在培训项目之外，这令他们目睹自己的技能逐渐过时，进一步强化了企业对他们不公平的刻板印象。在年长员工被排除在培训项目之外的表象下，潜藏着若干年龄歧视的陈词滥调，比如年长员工对学习新技能不感兴趣，或"老狗学不会新把戏"。

"保质期"误区的第二个负面维度立足于这样一个假设，即年长员工如果继续留任，就挡住了年轻一代入职或晋升的道路。正如第4章中介绍的"劳动总量谬误"，其认为经济中的工作总量是有限的，并且具有灾难性的简单后果：只有现有岗位上的某个人离职，年轻人才能进入劳动力市场。

几十年来，经济学家一直认为这一观点是错误的。研究也表明，在经合组织成员国中，随着年长员工在劳动力市场中的比重增加，年轻人的就业率增加了。从历史上看，无论是白领还是蓝领工作，资深员工或技艺精湛的员工往往能给缺少经验的劳动者创造就业岗位。

另外，如果年长员工的价值继续被低估，如果他们缺乏适当的挑战，也没有被充分利用，只能在"人才扶梯"的顶端原地踏步，那么他们的确可能会阻碍系统运行。请记住，劳动总量论主要基于以下两个假设：

1. 年长员工想继续留在现在的职位上。
2. 相比职责变更或灵活地在工作与生活之间取得平衡，年长员工更看重目前的薪资水平。

———— 实 例 观 察 ————

保罗是一位工程师，他干这行已经超过45年了，在北美业界有口皆碑。如今，他已经71岁了，但他的工作对他来说却与以往一样重要。他为自己的职业感到骄傲，他既要完成客户交代的工作，又要帮助企业培训和指导刚入行的新建筑师，他强烈地感觉到自己依然重担在肩。

后来，保罗就职的企业调整了结构，让所有建筑师与工程师采取直面客户的工作模式，所有员工都有了特定的时薪目标，而保罗已经有5年多没有完成目标了。虽然大家一致认为保罗对企业做出了重大贡献，但有人质疑他没有完成核心指标，却依然在领取全额薪水。如果保罗年轻一些，经理们可能早就找保罗进行绩效管理对话了，并质疑他是否适合在这个部门继续工作。

保罗明白，完成绩效目标对他来说的确是一个挑战。大部分项目要求频繁出差，这样的工作节奏、倒时差以及每天18小时的工作强度令他精疲力尽。并且，他还在使用自己熟悉的工具与技术来完成工作，而这些工具往往与年轻同事使用的软件包截然不同。

令他恼火的是，同事们竟说他技术能力不足。他生气并不是因为他学不会新技术，也不是因为他在日常生活中没有使用新的社交软件，而是因为他从未接受过任何有关新技术的正式培训，所以他依然在使用自己已经掌握的传统方法。他知道这些方法将有助于他出色地完成工作。

在经济上，保罗资源有限，他担心自己的积蓄不足以应对退休生活，所以还不能停止工作。但是，他没有咨询过理财顾问，所以对于他和妻子需要多少钱才能过上期望的生活，只有一个模糊的概念。他来自一个长寿的家庭，大多数家庭成员活过了90岁，他希望自己也能如此。他对自己的工作十分投入，相信自己是行业的先驱，他的同行与同事也赞同这一点，称他为"行业的巨人"。受到尊重对保罗来说是十分重要的。

当泰勒第一次与保罗交谈时，泰勒有种感觉，不知道保罗还想继续在现任岗位上工作多少年。保罗声称自己唯一的选择就是继续从事现在的工作，或者从企业离职，在当地的一家五金店从事一线客服代表工作。

保罗所在企业的管理层陷入了两难境地，不知道下一步该怎么办。他们心中的理想情况是：保罗继续留在企业里，从事他能够达到职位要求的工作。然而，管理层认为，工作变动可能意味着降职或降薪，因为企业里薪酬最高的职位都与绩效挂钩，尤其是高层职位。于是，管理层找到了"挑战工厂"，想看看能否为年长员工提供新的思路和活力，从而帮助管理层找到解决方案。

这是一个思想观念的问题。员工几十年来一直在同一家企业任职，一直由企业为他们提供职业道路与发展项目，他们理所当然地期望由雇主来定义他们职业生涯的后半段。他们已经习惯了按照企业的指示来发展，而不是靠自己去规划。企业若不指点一二，员工会以为自己的未来没有其他出路；企业若给他们提供选项，员工就会做出恰当的选择，度过有意义且富有成效的传承职业阶段。明智的企业希望每个年龄段和每个职业阶段的员工都能掌握职业所有权，他们会为年长员工提供适当的工具来支持他们实现有目的的职业转型。与此同时，转型中的员工需要得到帮助来发掘他们的才华、需求、工作热情和影响力，以便获得最大限度的成长并获得新的参与企业事务的机会。此外，基层管理人员也需要得到帮助，以便认清当今劳动力人员结构的现状，理解为何把婴儿潮一代排除在企业发展外是错误的做法。

要点汇总

- 希望每个年龄段和每个职业阶段的员工都能掌控职业所有权。
- 给员工提供工具，支持他们有目的地转型，确保员工能够发掘出自身的潜力、需求、工作热情和影响力，以便他们在企业内找到其他机会。
- 重新考虑企业内的岗位，充分利用所谓的"长寿红利"。
- 对基层管理人员进行有关劳动力人员结构现状的培训，并解释为何把婴儿潮一代排除在外是错误的做法。

生产力下降误区

年长员工的生产力不如年轻员工。众所周知，相比年轻员工，年长员工做事更慢、更缺乏动力、更缺少活力，这些都使他们的生产力不如年轻的同事——至少这是世人普遍的看法。事实上，这是职场里的一种根深蒂固的观点，它不仅影响着企业的招聘活动，还对员工的绩效评估、薪酬与职业发展机会产生了影响。雪上加霜的是，年长员工在职场中的职位等级越低，人们就会认为他们的生产力越低（范达伦、亨金斯、席佩斯，2010）。

实际情况

事实证明，更能影响生产力的因素是态度而非年龄。有趣的是，雇主的态度是最重要的（范达伦、亨金斯、席佩斯，2010）。

研究表明，人们是否认为年长员工的生产力低于年轻员工，更多地取决于人们的认知，而非实际情况。想要纠正这一观点，最重要的是改变雇主的看法。詹姆斯、麦基奇尼（McKechnie）与斯万博格对零售业的年长员工进行了一次研究，他们在研究中强调，员工与直属上司之间的关系对员工敬业度的影响最为深远（詹姆斯、麦基奇尼、斯万博格，2011）。

事实是，生产力与年龄并不呈反比。一位年长员工的生产力水平是否被认可，更多地取决于他的年龄和他在企业中的职位。也就是说，员工的职位越高，他就会被认为具有越高的生产力。此外，还有一种缺乏根据的观点认为，年长员工的生产力会不可避免地下降，因为他们的健康状况每况愈下，因而体力下降、缺勤率比年轻人高（罗伯特森、特雷西，1998）。

但是，研究表明，早在我们二三十岁的时候，某些方面的认知功能就已经开始衰退了。谈及如何改善年轻员工的大脑健康时，罗特曼研究所的一位神经科学家纳斯琳·卡特里（Nasreen Khatri）博士说："要想养成良好的大脑健康习惯，最佳开始时间是昨天。"（引自《皮尔斯》，2017）年龄的增长对生产力的影响尚不确定；除生理年龄之外，我们还需要考虑其他的影响因素。

> 对生产力下降的感知取决于雇主的态度，而非员工的实际产出。

员工在职业生涯晚期的敬业度是一个很大的话题，我们在本书的前面已经介绍了其理论基础。对这一领域的研究多得出奇，它们都反复证明了所有这些假设都是错误的，认为生产力下降的观点也完全是错误的——这种观点依然存在。基于心理机制对年长员工形成刻板印象似乎司空见惯，这不仅会影响管理者对待年长员工的方式，还会令年长员工不得不面对他人没有的障碍（亨金斯，2005）。

2009年，欧洲的一项研究指出，工作参与度是确保员工保持敬业度的一个关键条件，也是反映生产力的一个潜在指标（布恩斯等，2009）。不再被职业管理活动（包括至少每年一次的关于未来职业发展的面谈，持续制订学习规划，以及获得新技能和资源的支持）关注的年长员工会觉得自己被企业忽略了，这种忽略逐渐演变成一种"自证预言"①。

许多企业都有专门的机制来衡量和筛选高潜力或高绩效的员工。但是，通过与客户对话，我们注意到，这类筛选员工的机制使用的标准大多不是年龄就是服务年限。为了培养下一代领导者与员工，雇主会密切关注员工在职业生涯早期和中期的生产力与影响力，而对于处于职业生涯后期的员工，雇主则会一直关注他们的成本。但是，如果不了解个体工作的作用，那么成本就只能算是标准的一个方面。组织网络理论认为，所有组织都存在若干关键节点。这些年长员工都是高度网络化的企业中的节点，他们被视为文化的守护者，他们的观点有着举足轻重的作用。他们对团队其他成员的绩效与生产力有着巨大的影响，但这种影响常常被低估。当今的职场风起云涌，犹如一场正在兴起的社会革命（如第1章所述），因此需要注意的是，组织网络内的每一个节点都有能力动员、授权、促进集体行动和非主流的文化实践（迪亚尼，2015）。在今天的企业内，婴儿潮一代因其丰富的经验、充足的企业管理知识以及对企业文化的感悟，而被选为企业导师，但他们的非正式角色——全体员工生产力与士气的影响者——经常被忽略。往往等到某个关键节点脱离组织，或对组织网络产生消极影响时，管理层才会意识到其真正的影响力。

---

① 译者注："自证预言"是一种在心理学上常见的现象，意指人会不自觉地按已知的预言来行事，最终让预言的事情发生。

事实是，凭借从经验和实践中磨砺出的智慧、精湛的技艺、极高的精准度以及敏锐的判断力，成熟员工的生产力可能远超年轻员工，而事实往往如此。最近的一些研究表明："事实上，年长员工绝对'物有所值'，他们对企业生产力的贡献大于他们体现在工资单上的贡献。"（卡多苏、吉马良斯、瓦莱乔，2011）同样值得注意的是，假如员工掌握了硬技能而非软技能，那么他们就会被认为拥有更高的生产力，而年长员工的优势往往体现在软技能上。但是，"无论雇主还是雇员，无论老少，都认为硬技能远比软技能重要"（范达伦、亨金斯、席佩斯，2010）。

在这里，企业和雇主调整对年长员工的态度和认知是十分必要的，我们必须确保年长员工被视为真实的个体，而不是戴着谬见与误解的有色眼镜看到的刻板印象。将年龄与生产力挂钩是毫无道理的，仅凭年龄就将某个群体视为生产力低的群体，这是职场年龄歧视的典型表现。每个人都是独一无二的。与绩效相关的问题应该等问题发生了再解决，而不应该根据有关年龄的假设进行预测。

要点汇总

- 生产力很少与年龄相关，雇主对年长员工的态度是一个主要影响因素。

- 管理人员对待年长员工的方式对企业生产力、员工敬业度及团队士气至关重要。
- 婴儿潮一代作为关键节点的非正式角色经常被忽视。
- 因其智慧、经验、判断力以及对软技能的驾驭,年长员工的生产力往往超过年轻员工。

有关某代员工绩效特征的误区

每个领域都有一些人们熟知的观点,职场亦是如此。每个人都明白,我们可以根据某代人的群体特征来预测个体行为。简而言之,对一代人的刻板印象是个体表现的风向标。毕竟,刻板印象是基于事实得出的,这正是它们真实的原因,不是吗?

我们听过这样的例子,"她是千禧一代,你不该指望她会忠于企业",或"他是婴儿潮一代,当然有资格混日子了"。虽然我们明知对他人有成见是一件坏事,但我们还是这么做了,心理学家称之为"确认偏误"。我们将人归类,以强化自己的观点——这是一种形成观点的捷径,因为这样我们就无须更仔细地审视自己的态度是否公正。当我们无须更严谨地质疑自己的观点,也不用深入思考时,我们就能心安理得地顺势而为,对他人形成某种看法(尼克森,1998)。当然,有些人给他人贴标签是因为他们愚蠢地相信，凭借刻板印象就能可靠地预测他人的行为。

用刻板印象来解释个性特征的做法并不局限于北美地区。最近，一项探索刻板印象准确性的研究发现"不同国家的评估者对于不同的年龄群体往往有着相似的看法"（陈等，2012）。无论我们是否在这一点上做得更好，在商业领域，经理们每天都在基于对每一代人的刻板印象评定员工的绩效表现。媒体每天都将某代人的行为和态度与另一代人比较，仿佛身为某个特定年龄群体的一员，是决定其工作与生活方式的唯一主导因素。千禧一代常常被贴上懒惰或贫穷的标签；婴儿潮一代，特别是其中年龄较大的成员，常被描述为"过气""游手好闲"或"混日子"。企业对员工糟糕的绩效和缺乏敬业精神的表现听之任之，甚至视而不见，正是因为企业深受这种观点的毒害，即认为根据对某代人的刻板印象就能预测出每个员工的职场行为。挑战一个无法被改变的行为不是徒劳的吗？当然不是！

实际情况

多元文化的职场为我们提供了一个有趣的框架，帮助我们理解基于年龄的刻板印象可能会造成严重的损害。在全球化的职场中，我们遇到过的员工语言水平参差不齐，使用完全不同的时间管理方式，处理紧急事务以及应对最后期限，还有员工不同程度地运用技术——有的与技术密切接触，有的仅以有限的方式运用技术。我们接触过的人有着截然不同的经历和各式各样的领导管理方法。我们与有着不同观点和背景的员工一起工作，我们认识到他们过去的文化经历的价值，并将他们带来的优质资源整合进企业的现有文化中。与此同时，我们希望所有员工都能有出色的表现，达到企业期望并遵守企业规范。我们完全认同，文化差异不会导致糟糕的绩效，也不应成为员工无法达到高期望的借口。

最近，利博采访了一位欧洲的劳工法官，她审理过数百起年龄歧视的案子。在访谈过程中，这位法官对于退休问题提出了一个有趣的观点。在她看来，法定退休年龄免除了企业的某种义务，使其无须就某位员工业绩下滑的问题进行讨论或与绩效不佳的员工进行沟通。这位法官认为，强制退休是出于对年轻管理人员的同情而创设的一个精明的机制，这个机制忽视了年长员工的需求，为年轻管理人员省去了进行艰难对话的麻烦。

经验告诉我们，即使这些都是真的，即使对某代人一概而论常常是不明智的，一些特殊的生活经历也还是令每代人都拥有不一样的准则与理解周围世界的方式。一代人共同的经历可以创造出联系、语言和可预测的反应，所以有时在任何一代人身上都能观察到一些共同特征。这是事实——这个事实令愚蠢的刻板印象得以存在，人们完全无视反面证据的存在，用同一个笔刷，将某个群体内的人都画成了相同的样子。

> 兼容并蓄的管理方式可以更好地发挥多元化劳动力的价值。

北美企业长期以来一直受益于员工群体的多元化，这也是一个不争的事实。实际上，加拿大是发展多元文化劳动力的领军者，将来自世界各地的规范、文化与团队成员的期望融合在一起，形成具有凝聚力的团体，这些团体看到了这种丰富的多样性背后的价值（克拉森，2014）。当新员工加入企业后，管理者应尽力将新人带给团队的价值与定义企业文化结合起来。

无论新员工来自遥远的异国还是仅来自另一个部门，大家都认为，新员工需要一段时间的学习与融入，才能适应新角色、新团队与新的企业文化。有一种观点认为，企业的规范、期望与价值观决定了员工将要完成的工作，员工的绩效与敬业度将按照企业的标准来衡量。换言之，当你应邀加入合唱团时，你得明白，人们期望的是所有人唱同一首歌。

然而，一旦涉及基于年龄的刻板印象，多数企业就放弃了"企业文化是最强大的黏合剂"的观点。针对特定的某代人的项目表面上对特定群体表现出了

> 老龄化劳动力是问题还是竞争优势取决于企业文化。

显著的敏感性，但实际上，这些项目将不敏感性常态化，并且强化了让员工产生分歧的刻板印象。结果是，不同年龄段的员工对工作充满了不确定性，彼此之间平添了不满。年长员工表示，他们感觉自己被忽视了，或被推入了"特殊项目"，这些项目缺少目标或实际的商业价值，而培训资金都被分配给了千禧一代。他们开始怀疑究竟有没有人在乎他们的贡献，有没有人关心他们的付出——如果他们能做些什么就好了……他们甚至可能避免做贡献，因为害怕人们注意到他们表现出的不同之处。结果，他们失去了智慧、热情与创造力。

仅仅因为应届毕业生年轻就把他们当作特殊人群对待，与仅仅因为婴儿潮一代已经工作很长时间就认为他们想混日子一样，都是百害而无一利的企业战略。基于世代的假设会使企业在婴儿潮一代准备离开劳动力市场之前就早早将他们排除在外。基于世代的假设对职场新人来说同样不公平，当他们从职场蜜月期过渡到日常工作的现实世界时，等待他们的只有震惊。基于世代的假设会在员工内部制造冲突，使员工的绩效与满意度无法最大化——这将直接影响企业的盈亏底线。

关于员工代际问题和战略的一个例子，就是当前对知识转移的关注。在通常情况下，知识转移项目会将长期供职的婴儿潮一代员工与千禧一代员工进行配对，其明确目标就是将知识从一个员工转移到另一个员工身上（格雷厄姆等，2006）。知识转移意

第二部分　纠偏补弊　拨乱反正

味着一个员工拥有需要转移给另一个员工的知识，可一旦转移，原有员工的价值或有用性就会降低，而知识接收者的价值就会增加。在过去的十年里，卫生部门已经认识到，这种二元的知识获取方式并不能很好地服务于以研究为重点的活动。有一种观点认为，并非所有的已知信息都需要被转移，信息的接收方可能以不同于原始持有方的方式来转化信息，接收方也可能使用不同的工具或拥有不同的需求。人们还意识到，应用这些知识的背景或环境也正在发生变化。基于这些认识，新的"知识转化"模式应运而生。在知识转化的过程中，持有方都采用一种既有意义又有作用的方式，积极地参与知识的识别、解释与传达。此外，在协助知识转化的过程中，作为原始持有方的员工的价值并未减少。由于知识并非一定要从年长员工转移给年轻员工，因此，将知识转化作为一种战略，可以打消企业开展基于世代的职场项目的错误念头。随着技术的不断发展，一个个传统的孤岛分崩离析，不同行业、部门、地域与年龄的员工需要找到合适的方法，转化他们的知识与经验。知识转化可能会成为关键。

> 专注知识转移可能表明企业已经沦为了世代群体误区的受害者。

今天，无论在研究中还是在实践中似乎都存在着一种偏见，认为参与性项目只适合"年轻人"，而维护、衔接过渡或"桥梁式"项目才是"老年人"的专属。显然，我们认为，当员工到了一定年龄时，他们会自然而然地脱离工作。实际上，在职业介绍行业，这种观点可以用一个冷漠而不幸的缩略词来概括：RIP，即"已退休"（retired in place）。讽刺的是，当年长员工在工作中表现得不如过去那样投入时，我们会感到惊讶或失望。

> 今天的企业会预见并加速职业停滞现象。

但是，对于年长员工为何对工作不如以前热情——或不如年轻同事那么投入，或许还有一个更好的解释。也许这与年龄无关，与停滞和无聊无关，而是与成长和机遇有关。

当员工50多岁时，人们很可能已经在同一个行业或同一个企业里工作了数十年。虽然职场一直处于变化之中，但从某种程度上来说，人们会厌烦一直做着差不多的工作，这也是正常的。但是，继续走同一条职业道路是最简单的出路，再加上没有变化就意味着没有风险。到了这个岁数，人们已经磨砺出了高超的技能，建立了良好的关系网络，在自己的领域内享有盛名。他们现在的处境很安全，所以变得自满。虽然他们希望有机会尝试一些新事物，但更希望这些新事物发生在退休之后。

我们时常耳闻目睹这类员工的故事。离传统退休年龄越近，他们越相信完全没有风险的改变是不存在的。他们不再要求接受培训，与此同时，企业也不再与他们进行有意义的职业对话。等到了50多岁，他们就开始为退休做准备了，甚至有些迫不及待——这不是因为他们不想工作了，而是因为他们将退休视为摆脱停滞与无聊的唯一途径。许多人将退休视为一个期待已久的机会，可以去发掘和完成一些有意义的事情。如果没有挑战或成长机会做调剂，日常生活就会变得异常枯燥乏味。

在2015年的电影《实习生》（The Intern）中，罗伯特·德尼罗饰演一位70多岁的老人，在一家线上零售公司寻找实习机会。在面试过程中，一位20多岁的经理例行询问了他一系列问题。当他问到"你认为自己10年后会是什么样子"时，两人都尴尬地大笑起来，他们都认为这个问题根本无关紧要。

只可惜，它太重要了！为什么德尼罗饰演的这位70多岁的求职者不该对未来十年的发展有自己的想法呢？更重要的是，相比年长员工，一位25岁的员工不太可能希望在10年后依然留在同一家企业的。实际上，当摆脱了年龄的限制与刻板的期望时，人们能做许多了不起的事。时代华纳的首席执行官杰夫·比克斯（Jeff Bewkes）在64岁时，以850亿美元的价格将企业卖给了美国电话电报公司，重塑了通信业；85岁高龄的沃伦·巴菲特（Warren Buffet）依然是伯克希尔·哈撒韦公司的首席执行官；希拉里·克林顿在68岁时参加了总统竞选；埃尔顿·约翰在70岁时宣布退休，并开始了为期三年的巡回演唱会。

> 所有人都应该被期待拥有出色的绩效与高敬业度。

企业文化要么能统一所有员工的工作价值观，要么能与更大的企业价值观吻合，否则这个企业就根本没有文化可言。正如第4章介绍失灵的人才扶梯所描述的，为每级台阶培养不同的文化或设定不同的标准，充其量只能设立一个次优的人才体系，最坏的情况则是给企业带来灾难性的打击。认为基于世代的刻板印象是预测个体行为的可靠风向标，这种想法是错误的，而基于这类错误的想法建立区别对待员工的组织则是严重的误判。

我们不应只对某代员工做敬业度要求，绩效要求也是如此——婴儿潮一代糟糕的绩效常被企业接受或忽视。这种迁就不是一种仁慈，而是一种侮辱！愿意接受任何群体的糟糕绩效就等于在张贴告示，宣称这些懒散之人再怎么做也做不好。

当泰勒和她的团队开始在一个新的企业中工作时，他们总会惊讶地发现，所有年龄段的员工即使表现不佳也不会受到处罚，这些员工还往往承担关键的正式或非正式的领导角色。这些企业要么缺乏绩效管理机制，要么没有为基层管理人员提供必要的支持，使他们没能在无法达到预期绩效时采取必要行动。虽然一个经理的职责主要是维护企业运营，但管理员工的问题也在其职责范围之内，而且这些经理很担心解决员工绩效问题可能带来的法律后果。当出现问题的员工是年长员工时，经理们都更少关注绩效对话，他们与年长员工对话的次数可能少于与年轻员工对话的次数。假如表现不佳的年长员工服务年限较短、要求的离职赔偿较少，那么他们很可能就被辞退了。但是，当这个选择被认为代价过高或可能存在法律风险时，经理们认为，唯一的选择是寻找其他办法来完成落下的工作，即使年长员工未能达到预期目标，管理人员也依然对其放任不管。

企业经常把员工业绩不佳归咎于员工缺乏敬业精神。在面对游手好闲的员工时，经理们经常感到无能为力，只能寄希望于这种情况会自行好转或消失。他们还担心，假如他们正面处理落后员工的绩效问题，可能被指控年龄歧视。不管出于怎样的考虑，他们并没有采取任何直接行动。但是，不直面问题是无法提升年长员工的价值的。对某些员工来说，下述解决方案将重新激发他们的敬业精神，提高他们的生产力与创造力，即使他们被归入了"无可救药"的群体之中。

请记住，有些婴儿潮一代可能就是做不好工作，任何一个年龄段的群体中都有这样的人。假如企业无法解决员工绩效差的问题，就不应将其归咎于一代人的缺点，而应该认识到问题的本质：这是管理不力造成的。而且，管理失败对企业的影响可能是灾难性的。无论员工是 27 岁还是 67 岁，当绩效表现不佳时，管理者都必须采取措施。如果不考虑年龄因素，恰当的措施和前进的道路几乎异常清晰明了。

绩效管理与职业管理是有区别的。我们不提倡仅仅因为绩效欠佳者年纪大、工作时间长，就允许他们按照自己的意愿在现有职位上想待多久就待多久；相反，我们鼓励的做法是对年长员工一视同仁，为他们设定与其他员工一样的标准。年长员工与年轻员工一样，都应管理好自己的职业生涯，包括做出参加培训或重塑自我的决定，而不是一味地等待退休——也就是说，去改变角色或接受成长与发展的机会。

"有一类年长员工可能会继续工作，他们认为自己的工作有意义、有吸引力，拥有极高的工作满意度，还未完成自己的职业目标，并且觉得自己还能承担更多职责。"（斯麦尔、皮特-卡特索菲斯，2007）这表明，年长员工可能更愿意获得成长与进步（也就是在工作中发展自我），而不只是维持现状或心不在焉地盼着退休。美国退休人员协会的一项研究支持了这一观点，研究结果显示，在 45~74 岁的受访者中，有近 90% 的人表示他们依然在工作中不断成长（休伊特，2015）。

消除基于年龄的职场环境

按照世代划分来定义一个企业的文化是错误的。在现代社会中，首次出现了祖父母辈（甚至曾祖父母辈）与子孙辈一起工作的景象，且这种景象越来越常见。我们鼓励雇主考虑那些应该理性对待的世代特征，以及那些只有年轻人才会有的功能特征。年长员工偶尔会在工作中心不在焉，但年轻员工亦然，他们有时也会心不在焉。解决方法不是去假设实际年龄是员工缺乏敬业度的原因，而是应该检查企业是否为员工的个人职业发展提供了足够的支持，并反思企业文化，以确定问题的根源所在。

要点汇总

"文化"就是"我们在某地的处事之道"，解决期望不同的问题是为将企业文化作为最大的黏合剂。与其孤立特定员工群体，对某个群体给予更多期望而减少对其他群体的期望，或为与企业文化相反的特定行为找借口，并认为这些行为只是与年龄有关，企业还不如利用相同的方法与资源支持多年龄段劳动力，正如支持多元文化劳动力一样。

- 认识到职场要求所有人适应新的文化规范。（"我们在这里有统一的行事方法，我们应该唱同一首歌。"）应届毕业生必须从学生过渡到工作者。婴儿潮一代则正在从传统的职业结构转向更多基于自由职业的结构，同时还有传承职业的选项。想一想各年龄段的员工是如何适应新职场的，确认你可以利用哪些工具，来帮助所有年龄段的员工。

- 提升使用新语言的流利度，特别是围绕技术思想和工具的用语；
- 适应更具协作性的工作流程；
- 适应工作环境的物理变化，比如居家办公、远程办公或共享工作站。

　　这些事例中都有文化的影响，它们的存在标志着一切今非昔比。决定谁能在新环境中表现优异的不是年龄而是适应力——一种适应新期望和不断变化的标准的能力。当标准发生改变时，第一步就是必须清晰明确以下内容：

- 明确你对主管人员的期望，因为他们要与员工共事。他们是否有足够的动力与所有员工进行良好的职业对话？他们是否有方法与技能来解决员工的问题与顾虑？他们是否知道如何区分职业讨论与绩效讨论？
- 明确缺乏技能的根本原因并评估培训政策。你是否在使用良好的学习实践来确保员工的技能发展？当新技术出现时，你如何确保所有员工都能了解、讨论、尝试和评估新工具？

- 对某些观点——认为必须沿用过去的方法来完成工作，并且抵制年轻员工参与创新性的实践活动——保持质疑。作为团队领导，对于应届毕业生、高绩效者（专家）及高潜力者（未来领导）来说，花时间界定什么是与创新相关的能力。考虑使用成熟矩阵的方法来设定目标，传达一种重视创新的、无关年龄的文化。
- 确保企业规范与个人绩效之间的差距得到解决。

8
化谬见为明智策略

充分利用劳动力

在过去的 15 年间,各大企业尝试了各种各样的方法,来最大限度地利用劳动力。它们提出了各种解决方案,从雇佣一支全部由全职员工组成的劳动力团队,到外包非核心功能,再到外包核心功能并保留面向市场的活动,最后到离岸外包、内包和利用权变模型。这些方法我们都见识过了。在每一个改变、转变或放弃某个特定劳动力战略的决定背后,都有一个商业目标,而这个目标基于如何解决企业的关键问题:企业怎样才能比竞争对手更快、更强、更节省成本、更高效?

它们将所有方法都试过了,但结果并不乐观。与过去几代人一样,年轻员工想要以快于传统职业道路的速度承担起管理职责。但我们仔细观察就会发现,实际上,一些新变化正在悄然发生:许多年长员工希望积极工作,出任不涉及重大人事管理职责的职位,这些职位通常都不是高层职位;千禧一代却想要获得高层职位;被遗忘的 X 一代只想在保持日益增长的家庭需要与工作需求平衡的同时,在工作上得到认可。

比以往更有价值的员工是这样一类人:他们知道如何把事情做好,拥有良好的人际关系,他们拥有的专业知识是宝贵且独有的。然而,最符合以上描述的这群员工——成熟员工——却经常受到冷落,他们本应成为企业智慧的核心来源,结果无人问津,对他们的刻板印象、企业人才政策和职业结构都在限制和妨碍他们。还有一种观点认为,在这些成熟员工作为顾问实现价值之前,他们就必须离职了。

德勤管理咨询公司的研究分析员兼负责人 J. 伯辛曾撰文探讨人才管理与人才流动的必要性:"在今天的商业环境中,人才流动包括横向调动,在同一岗位角色内的升迁,升入领导层,调至海外工作,调入职能部门,调至发展或探索部门,

还包括常见的从兼职向全职的转变，反之亦然。"（伯辛，2010）

> 年长员工拥有精湛的软技能，这是在新经济领域发展的必备条件。

如果你能认识到你的每位员工的独特技能和你想要填补的人才空缺，那么可取的解决方案将是无穷的。

老龄化劳动力将进入今天的工作环境中（如果他们还未这么做的话）

学者 M. 普林斯基（M. Prensky）在 2001 年发表的文章《数字原住民，数字移民》(*Digital Natives, Digital Immigrants*) 中强调，学者必须意识到新一代人获取和处理信息的方式正在发生变化，这是十分重要的。他特别强调了理解这种差异的重要性，认为这种差异不仅局限于技术的使用，还存在于语言、学习方式以及人际交往方式中。普林斯基后来又提出了数字访客与数字移民的概念，用以解释不同年龄段的人与技术的关系以及他们应用技术的能力。

我们希望将这一概念的使用范围从技术领域扩展至职场。如果千禧一代是数字原住民，那么我们认为他们也是自由职业经济的原住民，而其他人仅仅是这种新形势下的访客或移民。

人们常说，今天的许多高级职位在10年前并不存在，甚至是当时的人根本想象不到的。一听到这种说法，我们就会想起年轻一代。我们会思考这种说法对于高等教育的影响，会考虑现在的学生们有怎样的知识储备才能更好地适应未来。我们会想到下一代，甚至再下一代，想到他们能迅速地学会使用各种设备和工具，而这些都是我们要花费数小时或好几天才能搞明白的——前提是我们真的能明白。我们看到越来越多的资金流入技术型初创企业，我们意识到创业者的年龄基本是18~35岁。

	千禧一代	X一代	婴儿潮一代
数字（技术）语言	原住民	流利/略带口音	略带口音/口音浓重
自由职业经济	原住民	原住民/略带口音	游客
现有企业文化	游客新人	原住民	原住民

各年龄段劳动力在新形势下的差异

但是，认为自由职业经济与新技术更多地专属于某代人的看法是错误的。自由职业经济描述的是一个基本的潜在市场环境，今天，所有年龄段的劳动者都在这个环境中工作。劳动者是职场的基石，他们拥有惊人的才华与专业知识，但当带有年龄歧视的观点被奉为真理时，他们的潜力就被完全忽视了。

> 今天的职场环境并不是千禧一代创造的，他们只是逐渐适应了这个环境。

事例：社交媒体的运用 1

人们发现，高科技企业的员工越来越多地使用社交媒体工具进行沟通。一位应届毕业生找到了一份客服代表的工作，他整天都在与一位客户沟通，试图解决一个问题。一天的工作结束之后，主管查看了他与客户的沟通记录，发现他发消息的语气使客户对订单状态产生了怀疑——具体来说，是对交货时间和所需信息的怀疑。这名员工在发送的消息中提到了上述信息，但他随意的语气无法使客户完全放心，也没有表示出他对于客户的急切心情的理解。

当主管与这名员工对话时，他能看出这名员工完全理解这个订单的重要性，而且采取了所有的正确步骤来确保订单得到及时的处理。不仅如此，他还一直提供最新的信息让客户掌握订单进展。但事实上，他发送了太多的零碎信息，反而使整体信息及其意义在这个过程中被忽略了。尽管这名员工完全掌控并时刻关注客户的需求，但他还是让客户对企业产生了不专业、不可靠的印象。他娴熟的技术运用并未帮他传递出企业重视的以客户为主的服务理念，结果适得其反。

事例：社交媒体的运用 2

一位化工企业的实习生正在寻找某个即将上市的产品的信息。他被告知自己将参与这个项目，希望自己能做好准备。由于经理不在，所以当他在走廊上偶遇董事长时，就问对方是否能帮他在当天下午拿到产品发布计划。董事长说，他需要的资料都保存在欧洲总部，建议他和经理沟通，询问相关信息。

但是，这位实习生立功心切，不想等到经理回来再开始准备。他认为更明智的做法是收集所需信息，然后在本周晚些时候与经理会面时直接交给经理。他相信，到那时他就会得到关于下一步行动的指导。

于是，这位实习生在企业通信录中找到了这家企业的全球首席执行官的联系方式，并将他的请求以电子邮件的方式告知对方，但这位首席执行官在前一天刚刚决定不再继续开发该产品。这次索取信息的事件导致该企业进行了一系列升级，还引发总部对加拿大分公司信息泄露、保密性欠佳与缺乏控制的担忧。

上述两个案例都是来自泰勒的客户的真实案例。由此可见，知道如何使用技术与将技术用好完全是两码事。在这两个案例中，认为信息可以且应该自由流动的假设都导致了严重的误解。在第二个案例中，那位急于表现的实习生最终被解雇了。

我们将这些案例作为例子，是为说明熟练甚至灵活地使用社交工具还不足以出色地完成工作。比较一下，一个是教别人使用某个他们不熟悉的通信应用程序，一个是教不善沟通的人学习沟通技巧，显然教他人使用技术工具更简单。要知道，虽然人们经常认为年长员工的技术能力不如年轻同事，但在50岁以上的人中，有64%的人使用脸书，而在60岁及以上的人中，这一比例达到了近50%（达根，2015）。

有趣的是，在利博服务的《财富》世界500强企业中，年轻员工常常被送去参加利博的交流研讨会。经理们意识到了年轻团队成员的技术缺口，他们渴望这些成员掌握在竞争激烈的市场中所需的技能，但受到预算紧缩和其他情况的影响，这些项目的频率有所下降。不仅如此，小企业与初创企业往往有更紧迫的事项，或者它们还没有意识到员工的技术能力与沟通能力之间存在差距。

的确，许多年长员工都需要接受培训并接触现代科技工具，以便获得使用这些工具的信心与能力，正如其他员工一样。然而，我们可能默认年长员工拥有了判断力、经验甚至培训能力，他们知道如何熟练地使用这些工具来实现特定目标。年长员工可能在很早以前就通过个人经历或接受教育，学会了如何组织语言、编辑信息，何时进行面对面的对话，最佳的更新频率是多少，如何处理邮件才能避免让对方产生误解，如何解决客户关切才能熟练应对客户需求并解决问题，从而获得多赢的局面。技术只是工具；使用工具的目的是为了销售、建立关系、拓展环境、建立联系或给服务提速——这些都是经验丰富的员工知道如何做的事。

同样，年轻人也常被认为比年长员工更具创业精神，更能适应当今职场环境的起起落落。他们被认为是在寻求更大的灵活性，并且做好了改变的准备。实际上，他们已经进入了一个不稳定且灵活的环境，这正是他们土生土长的地方，但这并不意味着他们比年长的同事更适合在不确定性环境中取得成功，所以把适应与胜任混为一谈是错误的。面临职业不确定性的年轻员工可能有处境相同的同事，但他们缺少经验与工具来渡过难关、取得成功。年长员工可能因为与雇主关系的变化而感到苦恼，他们可能感到不安，但他们有许多技能来帮助自己找到出路。

第三部分

利用代际劳动力

9
聚焦：工具与方法

不同角色应关注不同的重点

让我们先将画面拉远，审视一下未来的工作、与工作相关的变革和老龄化的宏观趋势。接着，我们再将画面拉近，研究一下人才结构，尤其是人才扶梯。我们面临着一些常见的误区，这些误区阻碍了企业推行必要的改革措施，使人才滞留在低效的人才扶梯上。在了解了过时的职业思维对企业员工的影响之后，我们现在再将镜头推近，看看你该如何使自己的企业为人才革命做好充分的准备。

不同角色的不同行动

在 2017 年，泰勒为 100 多家企业提供了咨询服务，参加了 30 场会议，为 3000 多名企业领导发表了演讲。在与她交谈过的人中，有些是 C 级高管，有些是企业的管理人员，还有些身处就业形势不断变化的一线，包括社会工作者、职业顾问和职业管理人。关于寿命延长与职场变革的讨论一次又一次地从宏观的全面趋势与政策，跳转至非常微观的个体讨论。通常，在与某个高管团队就企业的继任计划与多世代劳动力战略进行会谈之后，该团队总会有某位高管致电泰勒，迫不及待地向她倾诉其对未来的职业生涯的不确定与担忧。这无疑在不断提醒着我们，对于目前身处职场的每个人来说，人才革命既是一场战略博弈，也是一次深刻的个人经历。

在人才革命中有三种不同类型的角色，他们也是本书的目标读者——首席执行官、人力资源主管和基层管理人员。每一种角色都担负组织的、团队的和个人的职责，这些职责都与不断变化的职业时间线密切相关。我们采取了名为"时域"的方法来确定每种角色应该采取的不同行动与应该关注的重点（杰奎斯，2017），这种方法还将个人在预测、整合与理解未来方面的能力差异考虑了进来。按照时域理论，一个企业内的所有员工都有能力在3个月至20年不等的时间内工作（《经济学人》，2009），成功的C级高管可以在20年的时域内工作，而一线员工的工作时域往往为3~6个月。当员工被提拔到超越其时域能力的岗位上时，企业就会遭殃。

人才革命要求不同角色在不同时间框架内采取行动，关注不同的发展重点。首席执行官必须高瞻远瞩，要放眼至2030年之后，理解人员结构与寿命的延长将会如何影响企业的长期战略、市场与行业结构。事实上，首席执行官必须明白：人口结构这个驱动因素会加速并证明未来工作的其他四个驱动因素。与此同时，人力资源主管必须关注从现在至2030年期间将要发生的事，因为婴儿潮一代正在重新定义他们的职业与生活，企业要想在不断变化的职场中劈波斩浪，就必须依靠这一群体的力量，而人力资源部门的职责就是集中发掘和培养基于文化和劳动力的竞争优势。同时，基层管理人员需要工具来帮助员工理解和适应瞬息万变的职场——在未来1~5年内，这很可能对员工个人、部门和业务产生影响。

本书接下来的内容为人才革命中的三个主要角色分别提供了

更多的建议。第 10 章关注的是首席执行官谈到过的长期结构性问题。第 11 章概述了今天的人力资源主管要考虑的关键性战略框架与行动。第 12 章确定了基层管理人员的需求与应采取的具体行动，因为他们是企业战略与员工日常体验之间的桥梁，他们需要开展职业对话、绩效管理讨论和劳动力规划。

要点汇总

- 首席执行官必须有远见卓识，并且能推断出人员结构将如何影响企业长期战略、市场与行业结构。
- 人力资源主管必须聚焦企业未来数年的发展，重点建立基于文化和劳动力的竞争优势。
- 基层管理人员必须考虑未来 1~5 年的形势，提高自身的技能，帮助员工理解和适应不断变化的职场。

第三部分　利用代际劳动力

10
首席执行官的关键行动

首席执行官的战略

长寿的竞争优势

今天的首席执行官身处于这样的一个工作环境中：即使技术不断驱动行业发生转变，他们也必须做出季度业绩甚至年度业绩。领导者必须保持短期绩效要求与预测新结构、新参与者和竞争者的长期战略之间的平衡——这些战略因素在未来几年间可能无法清晰显现。既要管理当下，又要展望不可知的未来，这的确是一个棘手的差事，但在过去十年间，首席执行官具备预判、下注和快速应对能力的必要性被频繁提及。这些言论的关注点多为产品组合、融资结构、全球化战略和伙伴关系的可能性。在今天的人才革命中，我们看到，在首席执行官和董事会的议程中，与劳动力相关的问题出现得越来越多，旨在解决继任计划与领导力发展等问题。到2030年，现有劳动力中的很大一部分都将退出劳动力市场，受此影响，许多首席执行官和企业都在寻找新的人才资源来填补缺口、掌握工作技能，以及推动现有文化和商业模式适应新的工作方式。拥有百年历史的保险公司想要摇身一变，转型为灵巧的技术公司。专业服务公司则正在挑战"当上经理就是升职了"的传统观点，转而将经理划归为一个基层岗位，在这个岗位上的员工不仅要有优秀的办公软件应用能力，还要掌握重要的人事管理技能。当"守旧派"逐渐走下企业舞台，人们反倒有这样一种感觉：无论接下来发生什么，都远不止新老交替那么简单，而将是一种本质上的改变。

但是，要说我们从本书的研究工作和过去五年里与各企业的合作中了解到了什么，那就是，到2030年，将会有比以往更多的七八十岁的老人继续工作。无论是从事全职、兼职工作，顾问、义工还是其他工作，今天的婴儿潮一代都将利用长寿给他们带来的红利，在他们的传承职业阶段建立工作与生活相互交织的新形式。

聪明的首席执行官将改变他们对于继任计划的看法。首席执行官在眼下重要的是考虑劳动力结构，少关注短期知识转移，多关注终身的、可持续的、可承受的、有利可图的关系，因为这些关系能够持续促进知识转化，增加员工的敬业度。首席执行官必须考虑如何从长远的角度评估雇佣关系并从中获利。

用谷歌快速搜索"员工是我们最大的资产"，得到的相关内容的点击量超过2100万次。其中一条搜索结果是一个模因[①]：

"'员工是我们的最大资产'——来源：每家企业的首席执行官。"

我们知道，当雇主说自己的员工是资产时，他们完全是善意的。我们理解他们想要传达的信息是人比资产重要，也意识到了他们想表达对员工的尊敬和重视。然而，在过去的10年里，虽然雇佣关系发生了不同的变化，但管理层描述员工对企业成功的重要性的说辞已经成了老生常谈，几乎完全失去了意义。这些话很少能反映出实际行动，对员工来说，这就好像你在线等了足足1小时之后，才听到了一句"你的来电对我们很重要"。你会信吗？

---

① 译者注：模因（meme），文化传播的基本单位，通过非遗传的方式（特别是模仿）而得到传递。

撇开原本的善意不谈，想想会计师是如何定义资产的——人不属于资产。资产是以一定价格获得的，它会随时间贬值，而且在使用完毕之后会被核销并被贴上"已全部折旧"的标签。把员工称作最大的资产，不仅是语义上的错误，还是战略上的错误，因为它表明了你做决定的方式。身为雇主，如果你想用会计术语来形容你与员工之间的关系的话，我们建议将员工称作人才权益。

> 员工不是资产。

当然，员工更容易把自己想象成资产，因为他们总是被调来调去。而把他们自己想象成权益却有点难度，因为权益暗示着他们有责任为个人和企业不断增值。但我们就应该把员工视为权益，理由如下：

我们请你将权益视为某物对其所有者的价值——按照这种说法，权益就是人才对雇主企业的价值。在人才革命中，我们将人才权益作为衡量员工对企业价值的标准。资产会一直贬值，直到所有价值消耗殆尽，但权益会不断增值。将员工比作企业权益是从未来价值的角度来看待今日的投资。我们希望人力资源主管与管理者可以成为人才权益的领导者，而不是将员工"资产化"的管理者。

第三部分　利用代际劳动力

区别资产与权益至关重要

两者间的区别之所以重要，是因为它们并非只是语义上的区别。在第2章中，我们讲了变革会造成何种混乱，以及为何需要时间来收拾残局并明确前进的道路。由于目前正在经历的这场人才革命仍处于初级阶段，我们不可能预知未来，但可以肯定的是，我们将员工比作资产的思维将使我们陷入过去的泥潭之中，所以需要一个不同的框架来促进思维方式的更新与变化。权益框架之所以有效，是因为它是长期的，更关注丰富性而非稀缺性。不仅如此，当你将员工视为权益时，要记住，权益是会随着时间的推移增值的，它会颠覆你对年长员工的看法。正如我们已经讨论过的那样，具有创造性的企业能够从内部和外部获得大量人才，这些人才都不同于企业目前的劳动力结构。我们现在讨论的是用更多的人办更多的事——同时使企业与员工的价值得到提升。

> 人才权益是用更多的人办更多的事。

不仅如此，将员工视为企业权益还能让你更容易决定如何更换或重建失灵的人才扶梯。目前，你的扶梯一次只能控制一级台阶，并且正在试图优化每一级的运行状况——问题的关键在于整体结构。你可以在某级台阶上优化你想改变的一切，但永远无法同时实现其他台阶上的人的潜在价值。整个扶梯结构都需要拆除。

将人才视为权益的新思想

在今天的会计界，人们呼吁用新方法来表现企业的内部价值。纽约大学斯特恩商学院的巴鲁克·列夫（Baruch Lev）教授与布法罗大学的谷丰教授，在他们的《会计的没落与复兴》一书中提醒非专业人士，财务报表主要反映的是按购置价格计算的价值（列夫、谷丰，2016）。也就是说，它们反映的是已经发生的事项，不适合被用作未来规划的依据。列夫报告称，会计行业在其600多年的历史中历经变革，而当前会计行业正处于又一波变革之中，并且这次变革与企业商业模式革命有关（沃格尔，2016）。他指出，今天的企业价值与专利、技术和其他有助于企业创新的无形资产密切相关，但财务报表并未体现同时期的人发生的变化。列夫说："价值不再由实物资产创造；它们充其量只是助推者。价值是由创新创造的。会计行业依然停留在工业时代。"（引自沃格尔，2016: 36）

列夫用购买研究成果的例子来佐证自己的观点，他认为，从另一个企业直接购买研究成果与向内部研究人员支付薪酬让他们做研究，这两者在成本上并无区别。但是，在财务报表上，直接购买研究成果似乎比雇佣研究人员更划算，因为财务报表无法体现出在研究过程中获得的经验和专业知识的未来价值。这是一种无形的潜在价值，在财务报表中根本无法体现。实际上，现在的许多企业开支都是能获得未来利益的投资。列夫坚持认为，传统的资产负债表无法有效地反映出这些资产，他呼吁人们能更多地意识到，今天的投资是对无形资产的投资。当然，资产不会出现在利润表上，它们会被列入资产负债表，而无形资产必须实现长期利益才能被确认。

这一切又让我们回到了原点，即首席执行官宣称员工是企业的最大资产究竟意味着什么——意味着他们在毫无歉意地提醒人们，在雇主与员工每天只做短期打算的工作环境中，员工在实现其所有价值之前就会被"核销处理"。

资产负债表思维

财务方面的考量往往在企业战略与董事会会议中占据主导地位，当所有人都在寻求缩减成本时，人们就很难反对以企业财务状况为基础的战略。毕竟，企业的成败往往是根据它们的财务报表和报告的状况来评判的。但当涉及劳动力时，财务报表就可能具有误导性甚至完全是错误的，因为员工的价值不能只靠受雇于企业的年限来评判，而资产负债表没有将雇佣关系的长期价值考虑进去。不过，像技术提供商 Conenza 和 Enterprise Jungle 这样的精明企业正在强调、计算并提升企业内部"职友"网络的无形价值。他们深知，即使员工已经不再从你那里领取薪水，他们依然会传播企业品牌，代表企业价值，而这一点也是你们应该明白的。

如果没有新思维及基调上的转变，那么高管团队会继续将员工当作可以使用并丢弃的资产，同时又自称重视他们。将员工视为权益的理念体系才是真正有价值的体系，在此体系下，员工希望长期参与工作的意愿会更强，企业利润会增加，所有利益相关者都能从中获益。

给首席执行官的建议

在看待人才的方式上，将资产思维转变为权益思维需要管理者对劳动力有长远的战略眼光——即使在平均工作年限持续下降的情况下也是如此。这似乎有悖常理，但是，随着员工因退休或其他原因而离职的速度不断加快，首席执行官必须调整战略和政策，帮助领导团队在面对不断变化的人才库时能应对自如。首席执行官还必须重新思考自己与人力资源主管的关系，并激励他们从幕后的运营工作中走出来，成为革命领袖，确保企业能够利用劳动力变化的趋势、率先获得竞争优势而不是后知后觉。事实上，首席执行官必须提高对人力资源主管的期望，同时摒弃常见的与年龄有关的成见，确保年龄歧视不会制约企业获得员工完整职业生涯的人才权益。

给人力资源主管的建议

在技术革命中，我们看到信息技术企业的副总们从关键领域的负责人变成首席信息官（CIO）——成为与首席执行官和首席财务官携手并进的战略领袖，共同确保增强企业竞争力的长期战略投资能够顺利进行，以此保证以正确的基础结构支持企业的战略规划。今天，人力资源代表是高层领导团队的重要成员，也是整个企业中业务伙伴关系的关键成员。但是，许多人还没有进入不断变化又不可或缺的战略角色中，没能领导企业完成一场人才革命。对于人力资源代表来说，这是一个全新的、不可或缺的角色，他们必须胜任。

品牌在市场上是有价值的（凯勒，2003），价值就是权益，而权益会随着时间的推移而增长。假如领导者想要一份恰当的、能够维护人才价值的财务报表，来传达员工的重要性和价值，那么重视人才权益就是必由之路。设想一下，假如某人是资产管理者，那么他将不可避免地注重效率；假如另一个人是权益管理者，那么他注重的就是今天的投资在未来的价值实现。将此二人的优先事项进行比较，你就会发现他们在责任与期望上的差异。长久以来，人力资源主管一直扮演着资产管理者的角色，一心一意地维护现有劳动力。在这个角色中，与劳动力相关的项目和支出都是成本，任何在未来有财务义务的劳动力项目都将成为负债，而员工获得知识的价值并没有被计算在内。也就是说，员工去年的价值和今年的价值是一样的，没有方法可以体现他们为创新和创造力取得的发展或进步——在这个时代，创新是最昂贵的商品。

如果我们没有意识到员工的价值会随时间的推移而增加，那么我们就会回到列夫的"会计学困境"，即财务报表不能准确核算和反映创新的价值。就某个企业的劳动力来说，考虑到当前的员工寿命情况，"员工即资产"的观点会导致管理者制定一系列战略和计划，却往往基于不切实际的短期职业道路，缺乏对员工群体的权益价值的认识，只是在短期内集中应对劳动力的紧急变化，而不是利用长期的劳动力人员结构，来生成解决方案，以避免政策和优先事项发生剧烈波动。

人才权益的概念将企业的思维从管理单个员工和整体支出项目，转变为关注能带来特定商业价值的长期投资。着眼长远的发展理念引发了对职业道路结构和员工关系的改进与更新，我们将在下一章对这些内容进行详述。基于权益的职位描述期望员工能分担责任，学得更多、做得更好，并逐年增加积极影响。它会激发员工自我实现，通过专注于增加高价值需求的项目、政策和变革，鼓励价值创造，消除自满和浮躁，从而为企业注入新的活力。首席执行官的职责是确保企业找到所需的人力资源主管，开展能推动企业向前发展的革命性变革。

实例 观察

2014年，Q公司面临一个严重的继任问题，有超过55%的员工已经到了领取养老金的年龄。他们请泰勒帮忙解决劳动力结构和跨代劳动力的问题，还特别要求泰勒创建一个新学徒计划。这些学徒将从接受过高等教育的群体中选拔，被培养成能够填补退休员工空缺的领导者。该企业认为，在未来5年内，每年都需要招聘1000多名新员工，但招聘团队人手不足，现有人员精疲力竭，无法完成所有业务要求。

刚一接受请求，泰勒的团队就根据对自然减员、退休和"职友"参与度的假设开发了一个劳动力模型，该模型可以预测未来十年的劳动力变化情况。在结合市场数据进行分析之后，问题立刻凸显：领导缺口将在18个月内达到危机程度——这是一个极短的时间段，甚至可以说是灾难性的，因为学徒需要24个月的准备时间才能适应入门级的非领导角色。组织快速入职的培训和提升领导力的项目可能有一点帮助，但无法解决迫在眉睫的危机。

虽然企业过去一直依靠招聘毕业生来补充劳动力资产（员工），但为填补退休人员留下的空缺而疯狂开展校园招聘，无疑是在滥用招聘人员的时间与精力。这家企业需要从严格的"内部培养"转变为在未来5~8年内集中招聘有5~10年工作经验的员工，只有这样才能迅速步入正轨。此外，他们还需要接受一个事实，即领导者可以从外部招聘，并使其受到尊重。企业的短视酿成了一场灾难。

给具有年龄意识的首席执行官的建议

在一项有关加拿大年龄歧视和有偿工作的研究中，研究人员E. D. 博格（E. D. Berger）和D. 霍金斯（D. Hodgins）认为，职场中依然存在年龄歧视现象，除迫使年长员工退休之外，它还"直接影响年长员工的留任、培训和招聘"（博格、霍金斯，2012: 1）。带有年龄歧视的语言、政策、评论甚至笑话只能让企业陷入对年龄歧视现象的中立状态，并且明确地表明自己还没有做好变革的准备。你并没有将员工视为权益并在他们身上投资，你既没有看见队伍中年长员工的未来，也没有看见即将加入这支队伍的那些人的未来。

年龄歧视之所以难以应对，通常是因为它们难以被识别。虽然在企业中依然有许多性别歧视、种族歧视的现象，但当有人说出了一句带有性别歧视的话时，所有人（往往包括说话人自己）都能意识到。虽然人们总是发表带有年龄歧视的言论，但往往意识不到这些话语背后的潜在意义或隐藏含义。不仅如此，我们发现，年长员工往往没能意识到自己对待衰老的言语和态度也是一种年龄歧视，我们称之为"不经意的年龄歧视"。这种态度在我们的文化中根深蒂固，以至于坚持认为这些话语暗含恶意竟被当作一种愚蠢的想法。此外，参与带有年龄歧视的对话的所有人通常都会坚决反对将他们的对话视为年龄歧视。

在本书的第二部分，我们概述了推动职场年龄歧视行为与政策的5种常见误区。虽然当前的大部分技术创新都是诞生自婴儿潮一代，并且由婴儿潮一代、千禧一代和X一代组成的跨代劳动力团队共同实施，但今天，被逐渐边缘化的正是婴儿潮一代。首席执行官们必须确保自己拥有企业的详尽信息，而不是那些有关年长员工的刻板印象和流言。与此同时，他们还必须尽力将企业文化变得具有包容性。他们需要提醒领导团队，要通过具体的干预措施来处理各年龄段员工群体的不良绩效，而不是将所有问题归咎于年龄——无论是作为一种为不良绩效开脱的策略，还是作为拒绝接受新培训、新思维和新工具的借口。

我们曾经多少次听过这样的故事：某位元老级的首席执行官，即使年过八旬，也依然每天都来办公室，不仅为了与热爱的企业和同事保持联系，还为了给企业继续做出贡献。企业的文化规范具有强大的影响力，扼杀企业家精神与终生学习的从来不是年龄，而是企业文化。在人才革命中，首席执行官必须揭示一切可能性，树立理想的行为模式，并为所有年龄段的员工营造一个健康的职场环境。

首席执行官的行动方案

文化层面

以下行动要求企业转变关于预期工作寿命、生产力和代际劳动力的思维方式和行动方式。

- 更新有关职业和寿命延长的企业思维和观念（详见第1章和第3章）。
- 实现人才管理和职业道路规划的个性化发展，避免将"世代和年龄"作为员工分类的基础（详见第7章）。

战略层面

以下行动需要改变劳动力结构、企业关注点、指标和可衡量的行为。

- 勾勒出一个为期十年的灵活性路线图，确保在处理紧迫问题与非紧迫问题之间保持适当的平衡，能分清轻重缓急（详见第1章）。
- 确定所需的支持性结构、技能、指标和资源，并进行持续的反馈和衡量（详见第 4 章）。

- 领导企业不断顺势而变，借以优化市场地位，提高对员工的回报（详见第 2 章）。

操作层面

以下行动可为你提供新的信息、选择和方法来吸引、管理、激励和留住所有年龄段的员工。

- 聚焦短期形势；依靠数据和发展方向来引导企业未来几个月和几年的发展。
- 专注于项目实施，保持一致性，保持重点方略不变，并提供最好的条件、资源和支持。
- 提高职业管理能力与意识。
- 要求基层员工识别观念和战略中的差距与问题；找出有关问题的症状，并掌握解决这些问题的技能。

要点汇总

- 员工寿命延长是一种竞争优势。
- 将员工视为人才权益而非资产，用更多的人做更多的事。
- 人力资源主管需要向前迈进，发挥战略性的作用。
- 首席执行官必须营造包容年长员工的文化，从而收获寿命延长红利，把握竞争优势。

11
人力资源主管的关键行动

人力资源主管要有战略

在第 10 章中,我们讨论了提高人力资源主管作用的重要性。目前,人力资源主管是高管团队的成员,他们必须成为企业所需的有前瞻性的人力资源领袖,去抓住几十年的劳动力机会。今天的人力资源主管已经意识到了他们的责任越来越大,岗位越来越重要,他们分担了企业更高的岗位的责任。如今正是人力资源主管关注文化的时候——尤其在眼下这个灵活的、瞬息万变的、不断发展的劳动力时代。不仅如此,现在正是确定新的劳动力、职业管理结构和关系的时候,我们需要借助新的职业模型与职友项目,认识到传承职业的价值。最后,人力资源主管需要帮助基层管理者解决频繁的人员更替问题,培养与职业管理、继任规划和知识转化相关的技能。

用革命时代的文化模型为员工队伍注入活力

在对变革管理的开创性研究中,威廉·布里奇斯(William Bridges)确定了个人和组织在应对变革时必须经历的三个特殊状态(布里奇斯、米切尔,2000):结束、过渡区和新开始。利用布里奇斯的模型来讨论当今职场中成熟员工经历的变化,我们就能更好地了解企业应该如何帮助员工找到走出过渡区的方法,并使他们成功转入工作的新境界。在那里,许多存在已久的观念受到了挑战。

目前,我们正处于过渡区的早期。技术带来了新时代,这个时代是如此灵活,以至于许多关于工作的核心信条和假设都不再成立。机器可以完成过去需要人力完成的工作——而且是需要耗费大量人力的工作。我们可以以极低的成本甚至零成本，轻松地跨越时空和语言的障碍，与同事协作办公。我们的设备为我们提供了过去几代人需要几十年才能获得的信息。大企业都始于仓库和餐桌，但在今天，几乎所有行业中最大的企业并不拥有自己销售的商品。事实上，"世界上最大的出租车公司优步一辆车也没有。世界上最受欢迎的媒体平台脸书一点原创内容也没有，世界上最有价值的零售商阿里巴巴一件商品的库存也没有世界上最大的民宿提供商爱彼迎一间房也没有。一些奇妙的事正在发生。"（古德温，2015）

但是，这些变化及其可能带来的迥然不同的未来，也是一个警告：企业和员工之间的关系已经发生了巨大的变化——这种变化，尤其对许多年长员工来说，标志着一个时代的结束。

承认结束是很重要的。在革命阶段，下一个革命周期会在一个时代结束之后开始，混乱、困惑和矛盾随之到来。在前路不明的情况下，检验新的想法很可能造成职场的混乱。已经结束的时代具有过渡区的全部特征。一些人可能依然在缅怀过去，而另一些人可能处于混乱状态，他们想看看接下来会发生什么，结果一无所获。

我们目前正处于职业模型的过渡区，尤其针对50~64岁的5880多万美国人的职业模型（贝克尔等，2014）。我们从没想过自己的职业生涯会延续到六七十岁甚至80岁。毫无疑问，我们正处于一个未知的领域，这感觉就像暴风雨前的平静——停滞而又沉闷。但是，新的视野会带来新的机遇。企业领导的任务就是创造出一个愿景，然后向那些正在努力摆脱过去桎梏的人们分享，帮助他们从过去走向未来。

强大的文化是建立在牢固的关系之上的。2008年，戴维·洛根（Dave Logan）、约翰·金（John King）和海丽·费-莱特（Halee Fischer-Wright）在工作中发现了三元关系的力量与威力。三人小组既是一种自我强化的结构，也是人们相互接触的一种自然方式。为了将老龄化劳动力转化为竞争优势，企业的三个职能部门必须通力合作，只有这样，关键性想法和项目才能落地。

今日的副总和人力资源高级副总都必须站出来，承担起明日的人力资源主管的责任，通过合理的人才基础结构来支持企业战略的实施，确保劳动力的长期权益得到最大限度的发挥。

明日的人力资源主管必须带领高管团队应对不断变化的职场，他们必须确定人才平台和人才结构将如何改变企业内的人员配置。在劳动力老龄化的情况下，人力资源主管必须先从领导团队入手，向他们展示如何采取跨代劳动力相结合的方式，充分利用员工完整的职业生涯，使劳动力更多地协作，提高效率，不断创新。20世纪90年代中后期，人力资源主管的IT同事纷纷从信息技术副总晋升到首席信息官的高位。同样，他们要想完成向人力资源主管的转变，单凭自己的力量还不够。高管团队中的其他人也必须认识到，了解劳动力变革所需的关键能力、技术和分析方法都掌握在高级人力资源主管手中——他们必须得到其他人的信任。幸运的是，人力资源部门已经得到了人才革命三大关键角色之中其他成员的支持，可以依靠具有分析能力和沟通专长的合作伙伴。

要成为人才革命的领导者，人力资源主管必须声明自己的权利，并依靠详细的、精确的数据。人力资源部门经常面临的一个任务是解决老龄化劳动力的继任问题，他们知道员工的平均年龄，甚至可能精确到部门层面，于是开始推荐降低平均年龄的计划和方案。企业员工的平均年龄正是一个典型的无意义指标，我们往往觉得它应该很重要，实则不然。员工整体平均年龄既无助于领导者识别哪些潜在的人才权益受到了限制（详见第10章），也无法预测企业内哪些团队在人员结构变化时将面临最大的风险。同样，它也不能有效地揭示哪些部门最适合走传承职业的道路，而这原本可能吸引所有员工。了解员工平均年龄也无法说明，如何通过创建或利用人才平台战略，以囊括现有人才的方式利用自由职业经济，能够使企业利益最大化。

许多人力资源主管认可并依赖数据分析师的专业知识，还将其视为团队中不可或缺的成员（伯辛，2012）。但是，正如从人力资源副总到人力资源主管的演变一样，劳动力数据分析师也必须建立新的、着眼于未来的模型来提供数据——这些数据往往与没有接受过数据分析培训的领导要求的数据大不相同。一旦获得了有效数据，人力资源部门就能向擅长与员工沟通的合作伙伴寻求指导，了解如何有效地与高管同事、领导团队和员工分享信息。

在组织结构图上，虽然和员工沟通是与人力资源部门紧密挂钩的，但实际上，它们并不经常作为关键性的因素相互依赖。在这个瞬息万变的时代，信息传递的方式比以往任何时候都更加重要。因为影响劳动力的任何变化都可能带来压力，而每一个变化都必然会对个人造成极大影响，所以，准确地获取信息、把握时机、强化效果和得到支持是至关重要的。

此时此刻，在你的企业中，在失灵的人才扶梯上，员工、经理、自由职业者和求职者正在进行激烈的讨论，他们试图确定你能在多大程度上确保他们事业有成。慷慨激昂的话语只会助长这些争论，而行动会证明你的价值观。我们都知道，行动胜于空谈。思考一下企业传递信息的例子，令人痛心的是，很多企业都对员工的体验充耳不闻。

"尊重"是许多企业的价值观的一个组成部分，但领导者的言行仿佛完全与这个词背离。想像一下那些处于重组阶段的企业。在通常情况下，在重组决定被宣布后的几分钟之内，被选中的员工会被扫地出门，因为企业担心有安全隐患。在这些员工羞辱地离职之前，还会有人仔细盯着他们收拾东西，IT部门会解除他们对文件、电话和数字设备的访问权限。整个过程在许多方面都是令人感到屈辱和痛苦的——没有人比留下来的人更清楚地目睹了这一切。无论是陈词滥调还是高谈阔论，都无法掩盖这些行为表现出的对员工的不尊重。

那么，那些要求所有一线员工勒紧裤腰带、缩减成本，而领导层却挥霍无度的企业呢？这不是明摆的特权阶层与下层的对比吗？当高管的行为明确表明领导层"另有高见"时，为何他们还要假装"员工是我们最大的资产"呢？

统一企业价值观与企业传递信息的重要性是不言而喻的。同样，统一领导者的行为与企业宣传口径也是至关重要的。最好从事实出发，宣称"员工是企业最大的资产"不仅毫无根据，而且是自私自利的——这对你谈论的人来说一点都不真实。不仅如此，这种说法还忽略了一种关键的、相互尊重的关系，这种关系往往存在于高绩效企业之中——企业与员工双方都注重为企业和个人创造和提高价值。简而言之，正如我们在第10章中说的那样，以资产为中心的劳资关系是不明智的。如果高级领导团队和人力资源主管一味地依赖陈词滥调，他们将失去掌握和利用动态变化的劳动力的机会。一直秉持员工是资产的观点（无论是否有价值）不符合领导层的利益，领导者必须反思企业的宣传口径，将员工视为人才权益而非资产。

通过规范传承职业，从中受益

起初，退休政策是为接近生命终点的人——老年人制定的。在1935年，65岁是一个合理的退休年龄。但是，寿命的延长改变了游戏规则。我们需要在观念上做出相应的转变，在我们的工作时间线上插入一个新阶段，它发生在我们开始衰老（没人知道究竟是在多少岁时）和退出职场之前。每天有成千上万的员工离开度过职业生涯最后一段时光的企业，迈入退休生活或传承职业阶段。他们就是企业的职友。在某些情况下，企业会发现职友人数比在职员工还要多，而在有些行业中，企业的职友比客户还多。尽管如此，企业仍然需要吸收新员工来填补空缺的职位。

一般来说，这些企业会将在职员工视为唯一的员工品牌大使，他们可能设计一些项目来提高员工作为品牌大使的技能，也可能激励现有员工去发掘潜能。虽然"只有在职员工才是优秀的品牌大使"这种观点由来已久，但实际上并没有事实依据。

与员工讨论何时退休的问题是很尴尬的，仅凭猜测来预估他们还想工作多久也不现实。年长员工向管理层提出建议或请求让他们转换到新的岗位的机会是有限的，而最差的结果是徒劳无功。在一个人五六十岁甚至70岁的时候进行的有意义的职业转换，通常不会发生在常规的职场对话中，它也不是任何正规人才结构的一部分。眼下的挑战就是要将这种职业转变规范化，使之成为每位员工职业生涯中的预设环节。

当然，只要员工愿意，只要还有能力，他们就可以一直工作下去。但在某些时候，改变、学习和成长的机会会变得越来越少。职业停滞的原因无非是基于当前的现实：企业和员工都不知道如何才是合适的、互利的职业选择，既具有可持续性和可扩展性，还简单易行——他们也没有努力去寻找答案。

如今的人们寿命更长了，身体更健康了，生产力更高了。同理，员工的生命周期也更长了。正因如此，员工担心企业对他们职业生涯的承诺会减少。他们为企业职业道路整体结构的不足而苦恼，当在自由职业模式中发现新的机会之后，他们便开始追寻这些机会了。他们已经用对当下工作任务短期的、交易性的关注，取代了传统的长期职业发展道路思维。在这种新的情况下，他们发现了许多好处，其中包括缴税和生活上的便利，因为不是长期雇员，他们不会受到相关的束缚，因而得以享受这些好处。这些员工可能在中短期内有目的地转换到另一个岗位，这个岗位与他们目前所在的岗位截然不同。与以往相反的是，这类调动并不会被消极地看作跳槽或缺乏职业承诺，而会被视为适应性的、响应市场的积极行为。如今，多伦多的许多地铁车厢里都贴着一张海报，那是休伦大学学院的广告，上面写着"每种职业平均对应 10 项工作——我想接受那样的教育"。教育工作者似乎已经锁定了目标受众，是时候让企业也这样做了。

将传承职业视为年长员工的一种选择的确需要领导者转变观念，但同时需要员工做出重大转变。我们正在讨论的这个群体，是在家长式企业盛行的时代成长起来的一群人，他们对自己的职业生涯没有统一的自主权——这代人希望由雇主来决定他们的职业道路，即使他们希望有更多的自主权。当企业暗示他们下一步可能如何发展的时候，这种心态就会发生转变。假如没有暗示，员工就会认为他们没有下一步可走。当企业给员工提供选项的时候，他们就会做出恰当的选择，获得有意义的、富有成效的传承职业。

2014年，泰勒与加拿大某家大银行的一个工作小组会面，共同探讨银行在为大量员工退休做准备的同时如何在企业职业管理上创新。银行的目标是吸引各个层次的合适人才，它认为企业品牌的力量将是成功的关键。

银行职员在整个职业生涯中都享受着丰厚的福利待遇。许多人的职业生涯都是在"那家银行"度过的，他们认同该银行的品牌，并成为十分有说服力的品牌大使。但是，就在员工退休的那一天，这种维系了许久的关系突然被切断了。他不再是一名员工，一个敬业的、知识渊博的人才瞬间成为一个普通的客户，银行对待他的方式与对待刚开户的客户并无分别。

这简直大错特错！事实上，在未来的20年里，企业必须重新思考员工生命周期的各个阶段——何时开始，何时结束。虽然越来越多的人意识到品牌可以提高入职率，带来更好的校园招聘成果，但企业品牌的真正力量在于50岁以上的员工。

越来越多的人意识到，对于那些继续认可和培养员工的忠诚度的企业来说，企业职友社区可以创造价值。在这个时代，有关企业众包的概念在 Glassdoor.com、LinkedIn 和其他类似的网站上都能找到，以对待普通客户的方式对待那些了解企业的员工是很明显的愚蠢行为。更糟糕的是，你根本不考虑甚至没有意识到这些员工是企业生态系统中不可或缺的一部分。

随着职业生涯的长度远远超出传统的"工作年龄"，越来越明显的是，职友在离职后的很长一段时间内，依然是企业的总体人才权益的一部分。快速看一眼 LinkedIn 的部分会员的资料，便能证明这一点。精明的员工深知获取个人职业品牌权益的重要性，而 LinkedIn 绝不只是一个简历库：它是一个人才平台，并且已经影响了招聘、销售及其他商业活动。这也佐证了企业职友的价值是持续的，因为员工简历公开将个人与企业品牌联系在一起——即使是很早以前的联系，也一样会被公布在简历中。例如，尽管泰勒早在2000年就已经离开了德勤，但她依然会被问及在那里工作的感受，因为听众和与会者都看到了她的简历中的这个就职信息。还有利博，虽然自1989年起便不再实践精神疾患作业疗法，但她至今依然会被问及如何管理功能失调的团队，因为人们在她的 LinkedIn 页面上看到她具有这方面的专业知识。

过去，像麦肯锡或贝恩这样的专业服务咨询公司最为人津津乐道的一点是，它们会通过职友关系网与前任员工保持密切联系。它们的目标是与那些在企业开启职业生涯、对企业有感情的员工保持联系。而且，在这些前员工在其他企业里逐渐进入高管行列的过程中，它们依然与这些员工保持着密切联系。最终，这些人所在的企业就成为它们的潜在客户。它们在员工的整个职业生涯期间费尽心思地确保员工对企业产生强烈的归属感。作为回报，在员工离职后的很长一段时间内，企业依然能收获价值和支持。

这些企业从职友的发展与支持中获益匪浅。前员工往往会进入其他企业的领导岗位，而他们从员工到职友的转变使其获得了一种地位感，进一步增强了他们对老东家的忠诚，还增加了他们成为供应商和客户的意愿。

有一种观点认为，任何员工数量过千的企业只要创建、培养和发展职友社区，就必然会得到丰厚的投资回报。即使在职友不太可能给老东家推荐业务的行业里，也有明显的迹象表明，在其他企业内长期任职的职友可以继续提升老东家的企业品牌，并满足企业价值链中特定的战略需求。

--- 实 例 观 察 ---

泰勒有许多以人才为中心的技术合作伙伴。她采访了Conenza公司的总裁托尼·奥迪诺（Tony Audino）。

Conenza是一家专注衡量和扶持职友社区的技术企业，其总裁托尼·奥迪诺这样说："全球员工的平均工作年限一直在缩短，随着千禧一代的出现，平均工作年限更短了。比如，亚马逊估算其现有员工工作年限是1年（平均年限）。由于这种现象的出现，人们对职友关系网的兴趣越来越浓厚。根据企业和行业的不同，职友关系网还出现了5种主要的价值主张。"

根据奥迪诺的观点，好的职友项目会转化为实际的数字。也就是说，企业有10%~15%的新员工是由职友社区（被称为职场"回头客"或推荐人）推荐的。这些职友活动可以帮助企业设定目标、衡量项目优劣，企业还可以依靠这些活动进行业务规划。

在许多情况下，职友群体的人数都不少于在职员工人数，这意味着企业可以将职友纳入其社区、关系网络，借由这种方法使其网络情报数量和质量都得到提高。

人力资源主管的行动方案

人力资源主管需要确定具有高价值、高优先级的传承职业岗位。请回答下列问题：

1. 假如你的企业有这样一位员工，他了解企业品牌，有强大的社交网络，知道如何处理企业内部的各项事宜，那么这样的员工在什么岗位上最有价值？

2. 列出能够使这类人才给企业带来利益的职位或角色。注意这些职位是全职、兼职、季度性的还是灵活就业等。按照能给企业带来重大商业价值、中等商业价值和较小商业价值的标准，将每个职位进行归类。

3. 针对步骤1中确定的职位或角色，分别确定设立该职位和将某人调动到该职位必须完成哪些工作。确定在此过程中会涉及哪些策略、需要何种培训、设立该职位的复杂程度。

4. 召集高管团队，共同商议你所确定的商业价值高且执行难度低的职位。以这些职位为出发点，在企业内部创建新的传承职业道路。

5. 期望各个年龄段和各个职业阶段的员工都能拥有职业自主权，并考核管理人员与所有年龄段员工的职业对话质量。可以适当运用一些职业审计和评估工具，具体使用情况可根据企业规模和企业文化进行调整（请参阅 challengefactory.ca 了解更多资源和信息）。

6. 教导员工制定自己的职业标准，包括如何通过工作和业余活动满足自己的需求，如何利用自身的才能，如何关注优先事项，以及如何在市场上发挥作用。接着，与员工共同探讨这些新标准如何才能与你的高管团队确定的职位相匹配。要以平等的身份与员工进行讨论，因为你有各种各样的人才需求，而员工也有明确的求职标准和需求。然后，找到以下问题的答案：双方怎样才能使机会最大化？可能需要权衡哪些事项？在使用人才权益方法的基础上，你们各自将如何确定这种权衡是否值得？

7. 在员工的整个职业生涯中，为其提供自我管理工具和支持服务，确保其持续评估自己的职业标准，并为应对未来的变革提前规划。要让他们明白，随着职场的风云变幻，他们将一直掌控自己的职业选择权。

8. "职友依然是你的人才生态系统的一部分"，将这种期望常态化。

9. 实施职友计划，建立超越社交活动和社区服务项目的关系。确定哪些优先业务可以从职友的参与中受益，并实施职友参与计划，将这些作为年度业务规划的一部分。典型的优先业务可能包括招聘工作、社交媒体圈建设、众包工厂、设备更新、技能培训、项目管理支持或反馈小组。

> 即使在员工离开企业之后，他们也依然是企业人才权益（价值）的一部分。

要点汇总

- 人力资源主管肩负着高级职位的职责，应该让人力资源主管关注文化。
- 我们目前处于职业模型的过渡区。
- 企业需要正确的人才基础架构将老龄化劳动力转化为竞争优势。
- 企业价值观必须与企业宣传口径保持一致。
- 跨越整个职业生涯的代际方法可以加强协作、提高效率、促进创新。
- 规范传承职业道路。
- 将职友视为企业人才权益的重要组成部分。

12
基层管理人员的关键行动

基层管理人员的新战略

你可以转变战略思维,实施新的运营模式,但在员工与企业实现同步转变之前,企业内部会出现不和谐的现象,这将给变革增添阻力。当企业进行战略变革的速度超过员工所能接受的速度时，流言和反对的声音就会涌现，每一个转折点都会出现怀疑、猜测和错误的信息。员工情绪高涨，但他们对企业的信任度急剧下降。

如果你是一名基层管理人员，就会明白自己既是企业文化的守护者，也是企业战略的守护者。你会与员工进行几十次影响他们职业生涯的对话——如果你传递的信息与企业的其他信息不一致，那么你就可能使员工感到困惑。

在工作中，当被要求与员工讨论传承职业时，我们常常会遇到困惑不已的听众。我们知道，对方持怀疑态度是意料之中的事。在经历多年的裁员、调整规模和外包之后，突然出现一个看似为了让退休变得更有意义的企业举措，员工当然不会相信其背后的动机。它听上去更像是欺人之谈，因为企业并没有好的诚信记录来给员工带来信心。作为一个仿佛突然兴起的主张，员工怀疑企业别有用心也是正常的，毕竟大多数企业一直将员工作为资产进行管理——迅速甩掉那些"已完全折旧"的员工。

但是，现在正处于特殊时期。你对于有关退休的新思想的关注不在于一般业务，而在于从年长员工开始的劳动力改造。你希望利用人员结构的改变，成为这场人才革命中的赢家之一。无论是形势分析还是战略规划，最开始都应该清晰明确。你与员工建立的任何新关系都必须以你在本书中了解的事实为基础，在你与员工建立起一种新型关系之前，无须引入新的退休研习课或项目、指导课程或知识保护计划。在这种新型关系中，员工对自己的职业生涯拥有自主权，他们拥有足够的技能、权利和自信，可以从过去陈旧的、不合时宜的职业道路结构中夺回控制权。

给基层管理人员的建议

基层管理人员在人才革命中扮演着至关重要的角色。在通常情况下，由于无法获得有关企业未来规划或战略的完整信息，他们常常处于劣势。但是，他们每天都会与员工进行数十次与职业相关的对话，而每次对话都是员工收集宝贵信息的机会，他们可以借机了解管理层究竟是如何看待他们的价值的。无论是探讨职业选择的正式对话，还是在饮水机旁的闲聊，员工都会仔细寻找线索，解读话语中的微妙信息——管理人员可能完全没有意识到他们的几句笑谈对下属的影响。

我们发现，许多企业高管都意识到了人员结构的变化，并将寿命延长与老龄化视为战略层面的问题。可是，一旦将视线从高层转向中层和基层，我们往往就会发现这些层面的管理人员对于主流趋势或新兴的劳动力模型的了解并不比大多数员工多。总体而言，这些管理人员与人力资源部门的联系很少，即使双方有接触，他们讨论的重点也常常是员工的可塑性、培训、绩效管理和员工关系等问题。这种情况必须改变。在这个职业发展道路和职业模式不断变化的时代，在这个过时的模型被彻底改变的时代，为基层管理人员提供职业管理教育、培训和支持是至关重要的。

那些为人才革命做好准备的企业培养的管理人员，不仅明白为什么要与各年龄段的员工进行职业对话（而非绩效对话），还知道如何掌控这些对话。作为 C 级管理人员，你应该知道：有经验的员工可以在哪里获得新兴的职业机会；如何向任何职位提供跨代学习的机会；以及作为一名人才权益管理者，管理人员能够获得哪些具体的商业利益。你应该对本书第二部分概述的五大误区了如指掌，当它们不可避免地出现在你的短期和长期规划中时，知道如何应对。你就是前线将领，必须将合理的劳动力战略运用于正在经历最大变化的前线将士身上——你手下经验丰富的员工。

要想建立领导人才革命所需的那种上下级关系，高层领导必须认识到你的关键作用，并为你提供新的工具。请记住，革命是混乱的，并非所有人都能预见下一阶段将如何出现、何时出现。但是，每个人都知道身处变革之中的滋味，每个人都需要工具和支持来帮助团队攻坚克难，成为这场革命的胜利者，而非牺牲品。

培训管理人员识别潜在需求

当企业的行动与团队的行动不一致时,基层管理人员是会察觉到的。但是,由于他们不参与高层机密会议和战略决策,所以缺少必要的背景信息来准确地理解见到的事物,无法确定造成"上下脱节"的准确原因。尽管缺少必要信息,但他们还是能在灰色地带游刃有余,使其团队在动荡时期依然能保持良好的绩效——这是革命时期的一项重要技能。在发生重大变革的时期,首席执行官和人力资源主管也会面临缺乏背景信息和关系网络无力的问题。虽然他们可能了解长期性的规划、战略、风险和原理,但对于这些变革的影响、含义和启示,往往并不了解。像 Glassdoor.com 这类网站已经披露了员工对于领导团队、企业战略和工作环境的真实想法,但变革的整体情况依然不够明朗。

———— 实 例 观 察 ————

新的人工智能工具,如 Receptiviti.ai,将机器学习与心理学相结合,以前所未有的方式提供有关员工的积极性、行为和风险的实时信息。Receptivity.ai 将其任务描述如下:"彻底改变首席执行官和人力资源主管了解企业的情绪、动机和心态的方式。该解决方案利用人工智能、心理学和语言平台来判断影响员工成功的关键因素。现有的衡量员工情绪和体验的方法仅是每年进行一两次烦琐调查。如今,首席执行官和人力资源主管无须调查,便能实时了解企业中的实际情况。拥有这样的企业智能工具,高管就能实施提升绩效表现的领导战略。"(Receptiviti 公司,2018)

虽然人工智能确实能提供惊人的洞察力,但这些技术的广泛使用仍处于早期阶段。变革正在向我们走来——在我们拭目以待的同时,基层管理人员在帮助我们确定前进方向的方面发挥着重要的作用。

虽然管理人员可能并不总是知道企业意图与员工体验之间存在不和谐的原因及解决办法,但每当这种不和谐出现时,他们立刻便会察觉到。当得到信息且被要求将其传达给团队时,他们就能听出不和谐的音符。当某位员工表达的关切或观点与企业的价值观不一致时,他们就能感觉出来。当这种不和谐出现时,他们会有所察觉,但可能不知道如何将这些情况解决和转化为企业的机会。

最近,在与一家金融服务企业合作时,泰勒遇到了这样一位部门经理,他决定在任何小组讨论中都禁止使用"没错,但是"这一用语。这位领导在努力将这个企业的文化从拒绝改变转变为锐意进取,他认为语言的力量是强大的,"没错,但是"不应被允许成为对话的一部分。相反，该企业鼓励管理人员使用"没错，而且"这样的用语来表达观点。这种方法在培训课程中很常见，因为它体现的是积极的思维方式。

在第 5 章中，我们介绍了一种方法，可以将"没错，但是"的反应转化为对那些变革的领导者的基本反馈。通过认识到每个"没错，但是"背后都隐藏着未被识别、承认或解决的需求，基层管理人员可以将他们对不和谐的察觉转化为与员工进行的更优质的职业对话和对领导的更好的反馈。当基层管理人员像对待我们在本书第二部分解决的那些误区一样对待"没错，但是"时，我们就能摆脱错误信息和错误观念，提供真实的、具有操作性的信息，借以满足管理人员与员工的需求。

我们将此称为"基于反对意见的需求分析"，当周遭万物都同时发生变化时，管理人员"大胆行事"往往会带来简单、精练又强大的工具、对话和方法。

———————— 实 例 观 察 ————————

以下是我们听到的几个"没错，但是"的案例（表 12-1），我们可以看到它们是如何揭示误解和未被利用的机会的。

第三部分　利用代际劳动力

表 12-1 "没错，但是"的案例

没错，但是……	我需要……	实际结果
这份新工作需要学习新技术，年长员工不能很好地适应变化	• 确保每个人获得培训的机会 • 了解员工如何才能学得更好 • 确保向员工解释了为何需要新工具及其怎样改善工作 • 倾听员工的疑虑，以防遗漏任何有关新技术的重要信息	找到培训手册与实践之间的差距，减少 50% 的培训时间
我的部门设立的新职位级别较低，其直接下属人数少于其他职位，年长员工不会对它感兴趣	• 为与员工的职业对话准备一个问题模板或一组标准问题，以便了解员工重视自己工作的哪些方面 • 停止将人事管理与资历挂钩。有些人想要直接下属，有些人只想专心工作，不想管理他人 • 了解员工是否有未被人才管理系统掌握的技能 • 接受帮助与指导，根据就业相关法律，了解在企业内什么是可能的、什么是不可能的，这样就不会依赖设想了	高级会计师凭借在周末志愿工作中获得的技能，转任社交媒体经理，这既为年轻员工空出了会计岗位，又使年长员工能作为品牌宣传者与客户直接联系
苏曾经是一名优秀员工，如今通过考核后变得很难共事	• 找其他方法解决问题，而不是一味拖延，盼她自行辞职 • 想想苏是否遇到了其他问题。也许与年龄无关，或许她只是感到厌烦或正在处理一些问题，而我应该帮帮她	给员工营造一个环境，使其能说出遇到的心理问题。最终，该员工恢复了高绩效状态，修复了与企业的关系，重新建立对企业的忠诚

拒绝将容忍敷衍塞责当作善行

对许多管理者来说,管理员工绩效是一项挑战。不管开展过多少次正式的绩效评估,进行过多少次与绩效相关的对话,大多数管理者虽然认为这种工作是必要的,但并非有足够的动力去做。我们熟识的许多管理者都觉得批评年长员工的工作是不合适的,即使他们的绩效或态度很成问题。这类案例的一个共同特征是:人们很难期望年长员工有所改变,因为对话只会让员工和雇主双方都不高兴,而且还有被指控年龄歧视的风险,这一切都使对话变得困难。

第 8 章解释了为什么绩效管理不应该以年龄为依据(把年龄当作忽视不良绩效的借口,对员工和雇主都是一种伤害)。当员工的工作绩效下降时,无论员工年龄大小,雇主都必须与他一起解决问题。在通常情况下,在缺少绩效管理工具、培训和支持的企业中,管理者会采取"阻力最小"的方法来解决绩效问题。只要不达标的绩效没有妨碍部门目标的实现,管理者就会看在该员工为企业效力多年的分上任其自然,并希望员工很快自动退休。

但在人才革命中,你需要员工马力全开地为你工作——不是与你对抗。作为基层管理人员,你必须创造出一股强大的动力,推动所有员工持续不断地发展事业与技能。鉴于当今变革之迅猛,几乎每个人都将在未来 10 年内面临工作变动。事实上，有人预测，到 2030 年，在现有的每个职位中，至少有 30% 的工作不再由人工承担。身为管理人员，现在可不是应该消极被动的时候，你的员工同样也不应该消极被动。允许员工敷衍塞责不是对他们的仁慈，这意味着你已经将这些员工排除在外了，不仅如此，这还意味着员工和企业无法顺利进入新的职场状态。

基层管理人员的行动方案

1. 确定谁应该成为由革命者和开拓者组成的"基层和中层管理人员"的一员。

2. 在这个群体中，评估谁有能力将战略变革转化为员工可以理解并接受的日常行动，让这些领导者帮你建立企业人才革命的工具箱。

3. 让所有员工了解劳动力变化的趋势（也许可以与员工分享本书来指导学习），以及该趋势对企业 1~5 年内劳动力计划的具体影响。挑战过时的观念，确保解决员工提出的所有"没错，但是"问题。确保每一位管理人员都理解之前提及的五大误区的错误之处。

4. 检查年度劳动力规划流程，找出隐藏在惯例背后的年龄歧视。确定管理人员用于解决绩效问题的工具，为管理人员提供一套不同的工具，帮助他们与各年龄段员工开展有效的传承职业发展对话。他们在五六十岁甚至 70 多岁时可能想做出怎样的贡献？管理人员越早开启这类对话，就能越早开始传承职业发展道路，并在员工中建立新的、合适的职业生涯预期。

5. 考虑为管理人员提供有关职业管理和职业发展的工具、方法与培训。认识到如今的职业道路不像过去那样是线性的，确保管理人员都是出色的职业经理人，这些都是极为明智的投资。

要点汇总

- 基层管理人员发挥着关键作用，他们需要职业发展教育、工具和机会。
- 学会倾听反对意见（或"没错，但是"），这将为你创造机会，使你了解员工的需求并以富有创造力的、体面的方式解决劳动力问题。
- 懂得如何进行职业和绩效对话是一项重要的管理技能，它应该被运用于所有年龄段的员工身上，即使有时进行这种对话是有难度的。

第三部分 利用代际劳动力

13
从人才革命到未来的工作

将老龄化劳动力转化为竞争优势

1935年，人均寿命是62岁，于是65岁被确定为合理的退休年龄，自那以后的80多年来，人均寿命增长了20岁，不过人们对老龄化的态度却没有什么变化。简而言之，年长员工受到了无端的指责。这就是我们呼吁各位加入人才革命的原因——这样才能实现企业与人才的双赢。

企业的人才库的结构已经发生了改变。在本书中，我们关注的是年龄和寿命的增长。我们探讨了它们对职场的影响，还列举了利用在职人员的智慧和技能优势的商业案例。我们简要地分析了社会心理学家的研究成果，他们解释了人们在做出判断和预测群体行为时倾向于使用推理规则（昆达，1999），却很少关注现实。我们还推翻了五大误区，它们都源于对年长员工的负面刻板印象。我们认为，职场如同其他生活领域，刻板印象会扼杀对企业绩效至关重要的共生关系，干扰个人的职业自主权和自我实现，并破坏企业实现理想状态的可能性，从而损害所有人的利益。除列举加入人才革命的理由之外，我们还指导企业将反对意见转化为行动，并制定了路线图，说明如何将老龄化劳动力转化为竞争优势。

我们知道，老龄化劳动力只是目前塑造未来工作的一个动态因素，这也是我们开篇就从宏观层面审视五大驱动力的原因。由于工作在不断发生变化，所有的首席执行官、人力资源主管和管理人员都必须直面这些驱动因素。寿命的延长导致了职业生涯的延长，由此引发的人才革命为我们提供了一种新的方式来审视不断变化的员工队伍。此外，我们还介绍了新的模型和方法，以帮助雇主和员工适应不断变化的职场的老龄化状况，以及五大驱动力的不断变化。

当年长员工在现有企业干得风生水起时，当企业包容、激励并授权于他们时，他们对于自己的职业生涯就可以拥有更多的自主权。从正式的职业道路结构和由雇主驱动的职业模型中走出来之后，年长员工就可以评估自己现阶段的职业标准，并找到更能满足自己需求的其他职业道路。今天，年长员工正在定义自己与雇主之间的新关系。他们正在寻找"退休后"的新角色，将自己的职业从一个领域转移到另一个领域，以各种方式贡献余热——无论是在企业内部还是外部。不幸的是，人们通常退休离开就职企业，然后另谋高就。这种安排有时对每个人都有利，但在绝大多数情况下，企业往往会错失利用终身人才权益的机会。

随着职业所有权模式的发展，以及年长员工可以学习的榜样数量的增加，我们预计将看到自由职业经济这一驱动力的影响持续上升。年轻并不是参与自由职业经济的必要条件，但成功的自由职业经济的确需要技能的发展、交际圈的支持以及对个人价值的新的理解。这些有别于传统形式的工作模式可以提供许多实际的好处，难怪帮助年长员工寻找自由职业工作机会的平台供不应求，注册从业的顾问人数远远超过雇主需求的人数。我们预测，随着传承职业发展的规范化，这类状况将在未来几年趋于平衡。

我们断言，基于平台的新商业模式也将从年长员工参与度的提升中受益。在新模式中，关系是王道，目标是放大他人产品和服务的成功。平台是复杂的商业模式，在这种模式中，连接买卖双方的基础技术只是驱动竞争的很小一部分，关键细节、对行业的理解、合作模式、关系技巧和商业直觉在定义下一个优步、爱彼迎或阿里巴巴的过程中，发挥着很大的作用。

这让我们想到了最后一个驱动力——人工智能和机器人技术。对于这个驱动力，我们从长远的角度出发，探讨技术将如何在2030年之后继续发展，以创造新的角色、工作和需求。在这一方面，年长员工有独特的理解方式。在婴儿潮一代努力应对前所未有的职场挑战，调整工作、价值观和贡献的形式时，在他们预计退出职场生活时，他们就为如何找到下一份有意义的工作提供了一幅蓝图。当然，这种转变并不会一帆风顺——或者说可能遭遇不公，在某些行业、工作和地域中，年长员工处于明显的劣势。越来越多的婴儿潮一代需要工作，而企业、政府和社会也将建立起一些模式来应对，对于发现自己由于经济困难或技术进步而需要做出改变的各个年龄段的劳动者来说，这些模式可以作为指南，起到干预和支持的作用。

有些企业接受了工作寿命预期永久变化的现状，并对这种变化带来的机会加以利用，而这些企业本身也表现出了顺利迈向未来所需的企业文化、战略和运营方面的敏锐性。

当价值观发生明显转变时，企业观念和文化也会随之改变——这种改变在行为、政策和程序中都有所体现。想象一下，假如所有人都明白，当人们调到企业内的新岗位之后，甚至成为退休人员之后，目前的雇佣关系依然可能带来终身的投资回报，那么某些过时的观点就会受到挑战，创新思想就得以释放。同样重要的是，我们必须承认年龄歧视现象在社会中普遍存在，并应当在其出现时予以谴责。如果在四五十岁的时候就开始忽视经验和能力，那我们就不要指望能发挥寿命延长带来的潜力。如果年长员工被排挤、被忽视或被劝退，我们也将无法从寿命延长带来的潜力中获益。

当秩序陷入混乱时，战略转型就会发生。当员工和管理者感觉到自己的职业生涯和企业都有一条前进的道路时，这种秩序就会逐渐清晰起来，而这需要一系列新方法。实施新的职业规划意味着不仅要将传承职业阶段的职位纳入其中，还要包含有意义的职友项目。这些方法有助于将老龄化劳动力面临的长期问题与紧迫的、尖锐的劳动力问题（如临时的技术人才短缺或领导人才储备不足）区分开来。一旦新的职业规划得以建立，资源将得到更有效的配置，年长员工也将以可持续的、互利的方式成为企业劳动力长期解决方案的重要内容。

当文化变革与战略转型逐渐完成，并且影响到人们日常的讨论与决策时，改善经营便可以实现了。人才革命应该为那些正在探索工作、生活及自身职业潜力的人带来全新的职业前景。忘记那些陈词滥调吧，员工与管理人员需要实用的工具来挑战人们思想中的误区，并为有意义的职业发展做好准备。

领导工作不是观赏性活动。你手下的每个员工——无论他们是什么年纪或属于哪个群体——都必须遵守相同的标准，获得相同的机会。员工寿命延长是你最大的竞争机会。要想从尚未开发的财富资源中获益，你现在就应该抓住机遇、引领人才革命大潮。

致　谢

　　本书的创作受到了许多人的影响。有些人在阅读本书时可能会意识到他们的贡献，而有些人可能没有意识到他们对我的重大影响。对参与本书创作过程的所有人，我都想一一致谢，无论他们能否知道，而做到这一点其实很难。假如你因为我没有提到你而感觉受到了轻视——请相信，我真的只是一时疏忽，这完全是我的错，我会做出补偿。

　　假如没有合作者弗恩·利博，本书根本无法刊印成书，她坚持实事求是，致力于将抽象的观点转化为一本有见地、有针对性的书。蒂姆·卡斯威尔和詹妮弗·拉特罗布是我们的第一批读者。多亏蒂姆的艺术天赋，他给这本书增添了不少创意。弗恩和我很幸运地得到了我们优秀的学生的支持，他们是内夫·巴伦德拉、本·马丁、亚历山大·塔绍斯、卢克雷齐娅·拉姆皮尼尼和西尔维娅·莉娃。

　　在职业生涯早期，我曾得到多位杰出学者和企业领导的支持。C.E.S.（Ned）弗兰克斯博士将我引入研究领域，并邀请我加入他的精英助理团队，他亲切地称之为"顽童之队"。弗兰克斯博士在2018年9月11日去世，留下了一笔不菲的遗产。乔纳森·罗斯博士、马修·门德尔松博士、德若·J.霍瓦特博士、埃伦·奥斯特博士、帕特里西娅·布拉德肖博士、伊恩·麦克唐纳德博士、艾伦·米德尔顿博士和希欧多尔·帕瑞迪斯博士让我懂得了跨学科思维的价值。雷蒙德·皮内达、马里奥·维塔莱、爱德华·王和迈克尔·依安尼-帕拉齐奥给了我处理复杂客户项目的工具。琳恩·琼斯、妮可·玛塔和杰基·帕克鞭策我领导更大的团队，承担更大的责任。

感谢那些在我离开企业时支持我创办"挑战工厂"的人——特别是伊戈尔·萨姆克、约翰·蒂金斯、韦恩·斯塔克、卡梅隆·肖尔代斯、布拉德·埃尔伯格、加里斯·爱德华斯（他设计了挑战工厂的第一个标志，却一直没有获得应有的认可）和帕蒂·爱德华斯。感谢你们在早些年对我的倾听与鼓励。

万分荣幸的是，我在挑战工厂还有一群了不起的同事，他们是凯拉·查尔斯（她使一切成为可能）、迈克尔·埃林、坎迪斯·帕斯卡尔·范阿尔芬、韦恩·帕加尼、史蒂芬妮·克拉克、瓦拉里·雷纳、安迪·马钱特、吉尔·朱克斯、莫琳·麦肯和内尔·斯莱特。

无论过去还是现在，业务联系一组的成员都非常特别。那是

致 谢

一个寒冷的早晨，天还黑漆漆的，"失灵的人才扶梯"这个比喻就是在那天的晨会上第一次被提出来的。我要特别感谢罗娜·比伦巴乌姆、吉姆·斯图尔特、詹姆斯·明斯、保罗·查托、伊恩·杨、凯蒂·廷利、马克·鲍登、特雷西·汤普森、珍妮·哈里斯、丹·特洛马特、安德鲁·詹金斯、杰里米·米勒、凯特·埃里克森、克里斯·凯斯和劳瑞丽·康拉德。

值得自豪的是，我与许多合作伙伴和客户都成为朋友，他们在多方面拓展了本书的思路和内容。我要感谢的还有纳斯琳·卡特里博士、普利亚·贝茨、苏珊娜·菲利亚特罗、莎伦·格雷厄姆、朱迪·范瑟姆、埃姆里·西亚罗夫、拉里·梅耶尔斯、阿德里亚娜·伊措、丽莎·威尔金斯、金·比奥特、玛格丽特·帕伦特、特雷弗·巴特鲁姆、海瑟·罗斯、唐·艾德蒙斯、罗素·巴斯金、彼得·范达斯克、玛乔丽·布兰斯、布丽娜·路德维格-普劳特、苏拉·克拉斯、莫琳·麦克唐纳博士、罗娜·鲁宾、桑德拉·科尔、伊莱恩·拉姆和凯蒂·奥钦。我还要感谢鲍勃·贝鲁比和卡琳·拉夏贝尔，他们将我引荐给加拿大特种作战部队小组，包括利恩·博勒、罗曼·赫利西那和布雷特·内斯比特。感谢你们为我提供的服务。在我们的对话中，我学到了许多关于职业、身份和转变的知识。

正式和非正式顾问给予我一些善意的批评，使我得以打开思路。在此感谢玛丽·邦杜庄妮博士、莫里斯·比特朗博士、西蒙·诺斯、斯科特·柏莎德、安妮·戈尔登（她是早期读者，给我提供了有效的反馈）、迈克尔·尼辛、凯文·普雷斯、凯卡·达斯古普塔、里兹·易卜拉欣、莎伦·格雷厄姆、吉姆·艾默曼、贝西·沃利、丽芬尼·特拉亨博格博士、拉夫·乔杜里和罗伯·贝斯纳（他似乎总能在合适的时候向我推荐合适的书）。

将一本书带到这个世界上是一项持续终生的活动。一路走来，我的朋友参与了这个过程中的每一步，他们是拉比·雅尔·斯普兰克斯、安·拉蒙特、珍妮特·克劳德、苏·福林斯比、斯蒂芬妮·麦肯德里克、安吉拉·米切尔、乔尔博士和谢丽·科什（他们在伯奇格罗夫的盛情款待为我完成最后一章提供了理想的创作环境。当时埃里克和德博拉·博特尔也和我们在一起）。还有许多人，他们倾听我们的观点，给我们提供咖啡，还帮我们拼车。感谢所有人。

家人是最容易，也是最难感谢的人。如果没有父亲莱斯·罗斯柴尔德的无条件支持，我的任何事业转变都不可能实现。他是我最大的支持者，也是我最强有力的批判者。在代际关系下，我们的每次合作都是愉快的——幸运的是，我们经常有合作的机会。我的母亲贝芙·罗斯柴尔德给了我所需的爱与支持，使我产生了一种我可以搞定一切的错觉。我的丈夫克里斯蒂安从十几岁起就一直陪伴在我的身边，而这正是我想要的人生。我们一起抚养着两个十几岁的孩子，他们的善良、幽默和智慧每天都能给我带来惊喜。海登是挑战工厂有史以来最棒的营销副总,伊桑一直拥有敏锐的眼光,寻找需要探索的国际机会。

本书的创作地点包括 CSI 的配楼、咖啡馆、维里蒂俱乐部(Verity Club)的窗台、基线运动(Baseline Sports)酒馆、安大略省各大棒球场的看台、朋友的别墅、明尼苏达州的洛克茨的厨房和佛罗里达州巴克莱酒店的阳台。无论我身在何处,贾斯汀·比伯的歌曲似乎总能成为完美的背景音乐,让我的文思如行云流水——感谢贾斯汀。

最后要感谢的是黛比·洛克茨,你是我最好的朋友。

——丽莎·泰勒

特别感谢丽莎,她的智慧、不屈不挠的精神和独到的见解是推动本书创作的最大动力。令人欣慰的是,我与丽莎的合作非常愉快。在此,我也要感谢我们出色的学生们:内夫·巴伦德拉、本·马丁、亚历山大·塔绍斯、卢克雷齐娅·拉姆皮尼尼和西尔维娅·莉娃。

我还要特别感谢我的丈夫艾伦·布鲁德纳。他是我认识的最优秀的作家,是我的生活伴侣、最亲爱的支持者和最大的拥护者。他敏锐的眼光、对语言的热爱和温柔的指点,使我的文风显得干脆利落。我还要感谢我的儿子布拉姆、马修和杰伊,感谢他们有效的反馈和敏锐的洞察力。感谢乔伊斯,她的智慧与平静对我影响至深。同样要感谢刘易斯·艾森的宝贵意见。

感谢我的客户，他们十分慷慨地允许我讲述他们的故事。虽然出于对隐私的尊重，我改变了他们的名字，但对于他们的坦承和乐于分享的心态，我还是表示由衷的感谢。我还要感谢我的第一个出版商——马尔科姆·莱斯特，他指导我完成了早期的一些作品，还教会了我规范写作的重要性。每位作家遇到的第一个出版商都应该像马尔科姆一样。

最后，假如忘了感谢这些年指导过我的那些客户，那就是我的错误了。惠普公司的戴夫·霍利是我的第一位雇主，教会我了解听众的重要性，并让我在销售培训团队工作了15年；罗恩·马里奥特很支持我，无论去哪里都带着我；飞利浦公司的凯伦·佩托鲁托支持我，并且为我打开了许多大门；永明人寿和加鼎银行的安妮塔·利伯曼十分坦诚，让我看到了企业内部存在的年龄歧视问题。

我十分感谢所有人。

——弗恩·利博

参考文献

1 未来的工作与人才革命

BlessingWhite Research. (2013). *Employee engagement research report.* Retrieved from http://blessingwhite.com/research-report/2013/01/01/employee-engagement-research-report-update-jan-2013/

Future of Life Institute. (2017). "Implications of AI for the economy and society." Retrieved from https://www.youtube.com/watch?v=CyfI_8ucZPA&t=1033s

James, J.B., S. McKechnie, and J. Swanberg. (2011). "Predicting employee engagement in an age-diverse retail workforce." *Journal of Organizational Behavior,* 32(2), 173–96. https://doi.org/10.1002/job.681

Kite, M.E., G.D. Stockdale, B.E. Whitley, and B.T. Johnson. (2005). "Attitudes toward younger and older adults: An updated meta-analytic review." *Journal of Social Issues,* 61(2), 241–66. https://doi.org/10.1111/j.1540-4560.2005.00404.x

McCarthy, J., N. Heraty, C. Cross, and J.N. Cleveland. (2014). "Who is considered an 'older worker'? Extending our conceptualisation of 'older' from an organisational decision maker perspective." *Human Resource Management Journal,* 24(4), 374–93. https://doi.org/10.1111/1748-8583.12041

Smith, A. (2014). "Older adults and technology use: Adoption is increasing, but many seniors remain isolated from digital life." Pew Research Center

Taylor, L. (2017). "Planning for the future of work: Lessons from the chronic to acute and back again." Retrieved from https://www.challengefactory.ca/chronicandacute

World Economic Forum. (2018a). "Are you ready for the technological revolution?" Retrieved from https://www.weforum.org/agenda/2015/02/are-you-ready-for-the-technological-revolution/

World Economic Forum. (2018b). "Preparing for the future of work." Retrieved from https://www.weforum.org/projects/future-of-work

2 社会革命一览：欢迎进入革命浪潮

Aberle, D.F. (1966). "A classification of social movements. The peyote religion among the Navaho." *Viking Fund Publications in Anthropology* (42), 315–33

Baruch, Y. (2004). "Transforming careers: From linear to multidirectional career paths." *Career Development International*, 9(1), 58–73. https://doi.org/10.1108/13620430410518147

Bernard, A. (2012). "The job search of the older unemployed." Statistics Canada, 22 August. Retrieved from https://www150.statcan.gc.ca/n1/en/pub/75-001-x/2012003/article/11698-eng.pdf?st=4_46Fi1x

Challenge Factory and Creative Connection. (2018). "National Conversation on the Future of Work held at Cannexus18." Retrieved from www.challengefactory.ca/nationalconversation

Cook, S. L. (2013). Redirection: An extension of career during retirement. *The Gerontologist*, 55(3), 360–73. https://doi.org/10.1093/geront/gnt105

Cook, S.L., and V. Rougette. (2017). "Talent management and older workers: Later life career development." In *Ageing, Organisations and Management*, edited by Iiris Aaltio, Albert J. Mills, and Jean Helms Mill, 113–40. London: Palgrave Macmillan. https://doi.org/10.1007/978-3-319-58813-1_6

Crozier, M. (1972). "The relationship between micro and macrosociology: A study of organizational systems as an empirical approach to the problems of macrosociology." *Human Relations*, 25(3), 239–51. https://doi.org/10.1177/001872677202500304

Deloitte Consulting LLP and Bersin by Deloitte. (2014). "Global human capital trends 2014: Engaging the 21st century workforce." Retrieved from https://www2.deloitte.com/content/dam/Deloitte/ar/Documents/human-capital/arg_hc_global-human-capital-trends-2014_09062014%20(1).pdf

Dickson, R.G.B., J. Beetz, W.R. McIntyre, J. Chouinard, B. Wilson, G.E. Le Dain, and G.V. La Forest. (1987). *Reference re Public Service Employee Relations Act (Alta.)*. Retrieved from https://scc-csc.lexum.com/scc-csc/scc-csc/en/item/205/index.do

Frey, C.B., and M.A. Osborne. (2013). "The Future of Employment: How susceptible are jobs to computerisation?" Oxford Martin School/University of Oxford Working Paper. Retrieved from https://www.oxfordmartin.ox.ac.uk/downloads/academic/future-of-employment.pdf

Future of Life Institute. (2017). Robotics, AI, and the macro-economy: Jeffrey Sachs." Retrieved from https://www.youtube.com/watch?v=d8tlyFOq2tU&t=489s

Gurr, T. (1973). "The revolution, social-change nexus: Some old theories and new hypotheses." *Comparative Politics*, 5(3), 359–92. doi:10.2307/421270

Jensen, D.G. (1999). "The concept of 'ME Inc.'" *American Association for the Advancement of Science*. Retrieved from http://www.sciencemag.org/careers/1999/06/concept-me-incZ

Lyons, S., and L. Kuron. (2013). "Generational differences in the workplace: A review of the evidence and directions for future research." *Journal of Organizational Behavior*, 35(S1), S139–S157. https://doi.org/10.1002/job.1913

Lyons, S., L. Schweitzer, E.S.W. Ng, and L.K.J. Kuron. (2012). "Comparing apples to apples: A qualitative investigation of career mobility patterns across four generations." *Career Development International*, 17(4), 333–57. https://doi.org/10.1108/13620431211255824

Marist Poll. (2018). "NPR/Marist Poll results January 2018: Picture of work." Retrieved from http://maristpoll.marist.edu/nprmarist-poll-results-january-2018-picture-of-work/#sthash.JDmjTOyw.dpbs

Mitchell, M.C., and J.C. Murray. (2016). *Changing workplace review: Special advisors' interim report*. Toronto: Ontario Ministry of Labour. Retrieved from https://www.labour.gov.on.ca/english/about/pdf/cwr_interim.pdf

Munnell, A.., and W. Yanyuan. (2012). *Will delayed retirement by the baby boomers lead to higher unemployment among young workers?* Chestnut Hill, MA: Center for Retirement Research at Boston College

Ozkal, D. (2016). "Millennials can't keep up with boomer entrepreneurs." *Ewing Marion Kauffman Foundation* (blog), 19 July. Retrieved from http://www.kauffman.org/blogs/growthology/2016/07/age-and-entrepreneurship

Pettey, C. (2015). "The internet of things is a revolution waiting to happen." Retrieved from http://www.gartner.com/smarterwithgartner/the-internet-of-things-is-a-revolution-waiting-to-happen/

Rahim, M.A., R.T. Golembiewski, and K.D.Mackenzie. (2003). *Current Topics in Management* (Vol. 8). New Brunswick, NJ: Transaction Publishers

Rashid, B. (2016). "The rise of the freelancer economy." *Forbes*, 26 January. Retrieved from http://www.forbes.com/sites/brianrashid/2016/01/26/the-rise-of-the-freelancer-economy/#6308e540379a

Schwab, K. (2016). *The fourth industrial revolution*. Geneva: World Economic Forum

Spokus, D.M. (2008). "Factors influencing older worker quality of life and intent to continue to work." PhD diss., Pennsylvania State University. Retrieved from https://eric.ed.gov/?id=ED527396

Stanton, B. (2000). "Y2K – Was It Worth It?" *Australian Journal of Emergency Management*, 15(2). Retrieved from https://search.informit.com.au/documentSummary;dn=369137200809365;res=IELHSS

The Economic Mobility Project. (2012). "When baby boomers delay retirement, do younger workers suffer?" *The PEW Charitable Trusts*. Retrieved from http://www.pewtrusts.org/~/media/legacy/uploadedfiles/pcs_assets/2012/empretirementdelaypdf.pdf

The Economist. (2014). "The third great wave." *The Economist: Special Report*, 4 October. Retrieved from https://www.economist.com/sites/default/files/20141004_world_economy.pdf

Toffler, A. (1990). *Future shock*. New York: Bantam Books

US Bureau of Labor Statistics. (2017). "Independent contractors made up 6.9 percent of employment in May 2017." *TED: The Economics Daily*, 21 June. Retrieved from https://www.bls.gov/opub/ted/2018/independent-contractors-made-up-6-point-9-percent-of-employment-in-may-2017.htm

Willis Towers Watson. (2016). "Global benefit attitudes survey 2015/2016." Retrieved from https://www.willistowerswatson.com/en/insights/2016/02/global-benefit-attitudes-survey-2015-16

Zizys, T. (2011). *Working better: Creating a high-performing labour market in Ontario*. Toronto: *Metcalf Foundation*. Retrieved from http://metcalffoundation.com/stories/publications/working-better-creating-a-high-performing-labour-market-in-ontario-2/

3 职业与工作一览：婴儿潮一代是革命的主力军

Applewhite, A. (2016). *This chair rocks: A manifesto against ageism*. New York: Networked Books

Bersin, J. (2012). "Building the borderless and agile workplace." *Bersin & Associates*. Retrieved from https://docplayer.net/1009522-Building-the-borderless-and-agile-workplace.html

Brownell, P., and R.P. Resnick. (2005). Intergenerational-multigenerational relationships: Are they synonymous? *Journal of Intergenerational Relationships*, 3(1), 67–75. https://doi.org/10.1300/j194v03n01_06

Burtless, G. (2013). "The impact of population aging and delayed retirement on workforce productivity." The Centre for Retirement Research at Boston College. https://doi.org10.2139/ssrn.2275023

Business Development Bank of Canada. (2013). "Managing an aging workforce – your business can respond." Retrieved from https://www.bdc.ca/en/articles-tools/employees/manage/pages/boomers-business.aspx

Cappelli, P. (2014). "Engaging your older workers." *Harvard Business Review*, 5 November. Retrieved from https://hbr.org/2014/11/engaging-your-older-workers

参考文献

Cohn, D., and P. Taylor. (2010). "Baby boomers approach 65 – glumly." *Pew Research Centre*. Retrieved from http://www.pewsocialtrends.org/2010/12/20/baby-boomers-approach-65-glumly/

Cook, S.L. (2013). "Redirection: An extension of career during retirement. *The Gerontologist*, 55(3), 360–73. https://doi.org/10.1093/geront/gnt105

Cook, S.L., and V. Rougette. (2017). "Talent management and older workers: Later life career development. In *Ageing, Organisations and Management*, edited by Iiris Aaltio, Albert J. Mills, and Jean Helms Mill, 113–40. London: Palgrave Macmillan. https://doi.org/10.1007/978-3-319-58813-1_6

Encore.org. (2017). "Higher Education – Innovative Encore Programs." Retrieved from https://encore.org/higher-education/

Freedman, M. (2011). *The big shift*. New York: Perseus Book Group.

Greenhouse, S. (2014). "The age of premium: Retaining older workers." *New York Times*, 14 May. Retrieved from https://www.nytimes.com/2014/05/15/business/retirementspecial/the-age-premium-retaining-older-workers.html?_r=0

Hedge, J.W., W.C. Borman, and S.E. Lammlein. (2006). *The aging workforce: Realities, myths, and implications for organizations*. Washington, DC: American Psychological Association

Inc. (2015). "Inc. 5000 2015: The full list." Retrieved from http://www.inc.com/inc5000/list/2015/

Kanter, R.M. (2011). "Zoom in, zoom out." *Harvard Business Review*, 89(3), 112–6

Loehr, A. (2016). "Why your company needs to stop recruiting 'digital natives.' " *Fast Company*. Retrieved from https://www.fastcompany.com/3059834/the-not-so-hidden-age-bias-in-recruiting-digital-natives

Lyons, S., and L. Schweitzer. (2016). "A qualitative exploration of generational identity: Making sense of young and old in the context of today's workplace." *Work, Aging and Retirement*, 3(2), 209–24. https://doi.org/10.1093/workar/waw024

Ng, E.S., L. Schweitzer, and S.T. Lyons. (2010). "New generation, great expectations: A field study of the millennial generation." *Journal of Business and Psychology*, 25(2), 281–92. https://doi.org/10.1007/s10869-010-9159-4

Paullin, C. (2014). *The aging workforce: Leveraging the talents of mature employees*. Alexandria, VA: SHRM Foundation

Schwab, K. (2016). *The fourth industrial revolution*. Geneva: World Economic Forum

Sloan Centre for Aging and Work. (2008). "Innovating practices database." Retrieved from http://capricorn.bc.edu/agingandwork/database/browse/case_study/24038

Society for Human Resource Management. (2015). "SHRM survey finding: The aging workforce – recruitment and retention." Retrieved from https://www.shrm.org/hr-today/trends-and-forecasting/research-and-surveys/pages/shrm-older-workers-recruitment-and-retention.aspx

Statistics Canada. (2014). "Portraits of Canada's labour force." Retrieved from http://www12.statcan.gc.ca/nhs-enm/2011/as-sa/99-012-x/99-012-x2011002-eng.cfm

Super, D.E. (1980). "A life-span, life-space approach to career development." *Journal of Vocational Behavior*, 16(3), 282–98

Taylor, L. (2017a). "Planning for the future of work: Lessons from the chronic to acute and back again." Retrieved from https://www.challengefactory.ca/chronicandacute

Taylor, L. (2017b). *Retain and gain: Career management for small business*. Toronto: Canadian Education and Research Institute for Counselling

United States Congress. (1985). *The congressional record*. Washington, DC: US Government Printing Office

Van Dalen, H.P., K. Henkens, and J. Schippers. (2010). "Productivity of older workers: Perceptions of employers and employees. *Population and Development Review*, 36(2), 309–30. https://doi.org/10.1111/j.1728-4457.2010.00331.x

4 企业一览：失灵的人才扶梯

Adkins, A. (2016). "Millennials: The job-hopping generation." *Gallup Business Journal*. Retrieved from http://www.gallup.com/businessjournal/191459/millennials-job-hopping-generation.aspx

Applewhite, A. (2016). "You're how old? We'll be in touch." *New York Times*, 3 September. Retrieved from https://www.nytimes.com/2016/09/04/opinion/sunday/youre-how-old-well-be-in-touch.html?_r=0

Bishop, M. (2016). *Economics: an A–Z guide*. London: Profile Books

CERIC. (2016). "Guiding principles of career development." Retrieved from http://ceric.ca/guiding-principles-of-career-development/

Cook, S.L., and V. Rougette. (2017). "Talent management and older workers: Later life career development." In *Ageing, Organisations and Management*, edited by Iiris Aaltio, Albert J. Mills, and Jean Helms Mill, 113–40. London: Palgrave Macmillan. https://doi.org/10.1007/978-3-319-58813-1_6

Delsen, L., and G. Reday-Mulvey. (1996). *Gradual retirement in the OECD countries: Macro and micro issues and policies*. London: Dartmouth Publishing

Lyons, S., and L. Kuron. (2014). "Generational differences in the workplace: A review of the evidence and directions for future research." *Journal of Organizational Behavior*, 35(S1), S139–S157. https://doi.org/10.1002/job.1913

Lyons, S., L. Schweitzer, E.S.W. Ng, and L.K.J. Kuron. (2012). "Comparing apples to apples: A qualitative investigation of career mobility patterns across four generations." *Career Development International*, 17(4), 333–57. https://doi.org/10.1108/13620431211255824

Meister, J. (2012). "The future of work: Job hopping is the 'new normal' for millennials." *Forbes*, 14 August. Retrieved from http://www.forbes.com/sites/jeannemeister/2012/08/14/the-future-of-work-job-hopping-is-the-new-normal-for-millennials/#f6ed477322df

Meister, J. (2013). "The boomer-millennial workplace clash: Is it real?" *Forbes*, 4 June. Retrieved from http://www.forbes.com/sites/jeannemeister/2013/06/04/the-boomer-millennial-workplace-clash-is-it-real/#10bbc04cd895

Society for Human Resource Management. (2007). "2007 change management: Survey report." Retrieved from https://www.shrm.org/hr-today/trends-and-forecasting/research-and-surveys/documents/2007%20change%20management%20survey%20report.pdf

The Economist. (2012). "Keep on trucking: Why the old should not make way for the young." *The Economist*, 11 February. Retrieved from http://www.economist.com/node/21547263

US Bureau of Labor Statistics. (2016). "New release: Employee tenure in 2016." Retrieved from https://www.bls.gov/news.release/pdf/tenure.pdf

US Bureau of Labor Statistics. (2018). "New release: Employee tenure summary." Retrieved from https://www.bls.gov/news.release/tenure.nr0.htm

5 从理论到实践：误区与谎言的代价

Berger, J. (2014). "Word of mouth and interpersonal communication: A review and directions for future research. *Journal of Consumer Psychology*, 24(4), 586–607. https://doi.org/10.1016/j.jcps.2014.05.002

Kunda, Z. (1999). *Social cognition: Making sense of people*. Cambridge, MA: MIT Press

Paikin, S. (2017). "The fight against fake news." Presentation at Holy Blossom Temple, Toronto, 6 December 2017

Schwarz, N., E. Newman, and W. Leach. (2016). "Making the truth stick & the myths fade: Lessons from cognitive psychology." *Behavioral Science & Policy*, 2(1), 85–95. https://doi.org/10.1353/bsp.2016.0009

6 成本误区

Alon-Shenker, P. (2014). "Nonhiring and dismissal of senior workers: Is it all about the money?" *Comparative Labor Law & Policy Journal*, 35(2). Retrieved from https://ssrn.com/abstract=2386382

Brooke, L. (2003). "Human resource costs and benefits of maintaining a mature-age workforce." *International Journal of Manpower*, 24(3), 260–83. https://doi.org/10.1108/01437720310479732

Carstairs, S., and W.J. Keon. (2009). "Canada's aging population: Seizing the opportunity." Retrieved from http://epe.lac-bac.gc.ca/100/200/301/senate-senat/cttee_reports/aging/canadas_aging_population-ef/YC2-402-3-01E.pdf

Deloitte Touche Tohmatsu. (2016). *The 2016 Deloitte millennial survey: Winning over the next generation of leaders*. Retrieved from https://www2.deloitte.com/content/dam/Deloitte/global/Documents/About-Deloitte/gx-millenial-survey-2016-exec-summary.pdf

Families and Work Institute. (n.d.). "Older employees in the workforce: A companion piece to generation and gender in the workplace." *American Business Collaboration*. Retrieved from http://www.abcdependentcare.com/docs/older-employees-in-the-workforce.pdf

Guvenen, F., F. KarAhan, S. Ozkan, and J. Song. (2015). "What do data on millions of US workers reveal about life-cycle earnings risk?" *National Bureau of Economic Research*

Hewitt, A. (2015). "A business case for workers age 50+: A look at the value of experience." *AARP Research*. Retrieved from http://states.aarp.org/wp-content/uploads/2015/08/A-Business-Case-for-Older-Workers-Age-50-A-Look-at-the-Value-of-Experience.pdf

Kitroeff, N. (2016). "Have millennials made quitting more common?" *Bloomberg, 12 February*. Retrieved from http://www.bloomberg.com/news/articles/2016-02-12/have-millennials-made-quitting-more-common

Knowledge@Wharton. (2010). "The 'Silver Tsunami': Why older workers offer better value than younger ones." Wharton School of the University of Pennsylvania. Retrieved from http://knowledge.wharton.upenn.edu/article/the-silver-tsunami-why-older-workers-offer-better-value-than-younger-ones/

McCarthy, J., N. Heraty, C. Cross, and J.N. Cleveland. (2014). "Who is considered an 'older worker'? Extending our conceptualisation of 'older' from an organisational decision maker perspective." *Human Resource Management Journal*, 24(4), 374–93. https://doi.org/10.1111/1748-8583.12041

Reade, N. (2013). "The surprising truth about older workers: Myths and perceptions." *AARP The Magazine*. Retrieved from www.aarp.org/work/job-hunting/info-07-2013/older-workers-more-valuable

Rothwell, W.J., H. Sterns, Diane Spokus, and Joel M. Reaser. (2008). *Working longer: New strategies for managing, training, and retaining older employees.* New York: AMACOM Books

Rudgard, O. (2015). "Older workers healthier and more reliable." *Telegraph (London), 14 May*. Retrieved from http://www.telegraph.co.uk/news/health/news/11602715/Older-workers-healthier-and-more-reliable.html

US Bureau of Labor Statistics. (2016). "Employee tenure in 2016." Retrieved from https://www.bls.gov/news.release/pdf/tenure.pdf

Van Dalen, H.P., K. Henkens, and J. Schippers. (2010). "Productivity of older workers: Perceptions of employers and employees." *Population and Development Review*, 36(2), 309–30. https://doi.org/10.1111/j.1728-4457.2010.00331.x

7 最佳绩效误区

Buyens, D., H. van Dijk, T. Dewilde, and A. De Vos. (2009). "The aging workforce: perceptions of career ending." *Journal of Managerial Psychology*, 24(2), 102–17. https://doi.org/10.1108/02683940910928838

Cardoso, A.R., P. Guimarães, and J. Varejão. (2011). "Are older workers worthy of their pay? An empirical investigation of age-productivity and age-wage nexuses." *De Economist*, 159(2), 95–144. https://doi.org/10.1007/s10645-011-9163-8

Chan, W., R.R. Mccrae, F. De Fruyt, L. Jussim, C.E. Löckenhoff, M. De Bolle, and A. Terracciano. (2012). "Stereotypes of age differences in personality traits: Universal and accurate?" *Journal of Personality and Social Psychology*, 103(6), 1050–66. https://doi.org/10.1037/a0029712

Diani, M. (2015). "Social movements, networks and." *The Blackwell Encyclopedia of Sociology*. https://doi.org/10.1002/9781405165518.wbeoss162.pub2

Fisher, G.G., D.S. Chaffee, and A. Sonnega. (2016). "Retirement timing: A review and recommendations for future research." *Work, Aging and Retirement*, 2(2), 230–61. https://doi.org/10.1093/workar/waw001

Graham, I.D., J. Logan, M.B. Harrison, S.E. Straus, J. Tetroe, W. Caswell, and N. Robinson. (2006). "Lost in knowledge translation: Time for a map?" *Journal of Continuing Education in the Health Professions*, 26, 13–24. https://doi.org/10.1002/chp.47

Gratton, L., and A. Scott. (2016). *The 100-year life: Living and working in an age of longevity*. London: Bloomsbury Information

Henkens, K. (2005). "Stereotyping older workers and retirement: The managers' point of view." *Canadian Journal on Aging*, 24(4), 353–66. https://doi.org/10.1353/cja.2006.0011

James, J.B., S. McKechnie, and J. Swanberg. (2011). "Predicting employee engagement in an age-diverse retail workforce." *Journal of Organizational Behavior*, 32(2), 173–96. https://doi.org/10.1002/job.681

Klassen, D. (2014). "Diversity in Canadian workplaces: Past, present and future." *Career Options*. Retrieved from http://www.careeroptionsmagazine.com/articles/diversity-in-canadian-workplaces-past-present-and-future/ (accessed 21 February 2017)

Munnell, A. (2015). The average retirement age – an update. *The Center for Retirement Research at Boston College*, 15(4), 1–6

Nickerson, R.S. (1998). "Confirmation bias: A ubiquitous phenomenon in many guises." *Review of General Psychology*, 2(2), 175–220. https://doi.org/10.1037//1089-2680.2.2.175

Pearce, T. (2017). "Do you know how to keep your brain healthy?" *Canadian Living*, 14 February. Retrieved from https://www.canadianliving.com/health/prevention-and-recovery/article/do-you-know-how-to-keep-your-brain-healthy

Peens, M. (2016). *Thriving at work during late career*. Santa Barbara, CA: Fielding Graduate University

Robertson, A., and C. Tracy. (1998). "Health and productivity of older workers." *Scandinavian Journal of Work, Environment & Health*, 24(2), 85–97. Retrieved from https://doi.org/10.5271/sjweh.284

Smyer, M., and M. Pitt-Catsouphes. (2007). "The meanings of work for older workers." *Generations*, 31(1), 23–30. Retrieved from https://dlib.bc.edu/islandora/object/bc-ir:100731/datastream/PDF/view

Stastista. (2016). "Average life expectancy* in North America for those born in 2015, by gender and region (in years)." Retrieved from https://www.statista.com/statistics/274513/life-expectancy-in-north-america/

Van Dalen, H.P., K. Henkens, and J. Schippers. (2010). "Productivity of older workers: Perceptions of employers and employees." *Population and Development Review*, 36(2), 309–30. https://doi.org/10.1111/j.1728-4457.2010.00331.x

8 化谬见为明智策略

Bersin, J. (2010). "Why talent mobility matters." *Deloitte/Berson* (blog), 19 January. Retrieved from http://blog.bersin.com/why-talent-mobility-matters/

Duggan, M. (2015). "The demographics of social media users." Pew Research Center. Retrieved from http://www.pewinternet.org/2015/08/19/the-demographics-of-social-media-users/

Prensky, M. (2001). "Digital natives, digital immigrants, part 1." *On the Horizon*, 9(5), 1–6. https://doi.org/10.1108/10748120110424816

9 聚焦：工具与方法

The Economist. (2009). "Elliott Jaques." *The Economist*, 1 May. Retrieved from http://www.economist.com/node/13599026

Jaques, E. (2017). *Requisite organization: A total system for effective managerial organization and managerial leadership for the 21st century*. London: Routledge

10 首席执行官的关键行动

Berger, E.D., and D. Hodgins. (2012). "Age discrimination and paid work." Population Change and Lifecourse Strategic Knowledge Cluster Policy Brief No. 7. Retrieved from http://sociology.uwo.ca/cluster/en/publications/docs/policy_briefs/PolicyBrief7.pdf

Keller, K.L. (2003). *Strategic brand management: Building, measuring, and managing brand equity*. London: Pearson Higher Ed

Lev, B., and F. Gu. (2016). *The end of accounting and the path forward for investors and managers*. Hoboken, NJ: Wiley

Vogel, B. (2016). "The end of accounting: Discussion with Professor Baruch Lev." *Discussion & Analysis Magazine*, 36

11 人力资源主管的关键行动

Baker, K., P. Baldwin, K. Donahue, A. Flynn, C. Herbert, and E.L. Jeunesse. (2014). *Housing America's older adults: Meeting the needs of an aging population.* Cambridge, MA: Joint Center for Housing Studies of Harvard University. Retrieved from http://www.jchs.harvard.edu/sites/jchs.harvard.edu/files/jchs-housing_americas_older_adults_2014-ch2.pdf

Bersin, J. (2012). "Big data in HR: Why it's here and what it means." *Deloitte/Berson* (blog), 17 November. Retrieved from https://blog.bersin.com/bigdata-in-hr-why-its-here-and-what-it-means/

Bridges, W., and S. Mitchell. (2000). "Leading transition: A new model for change. *Leader to Leader*, 16(3), 30–6

Goodwin, T. (2015). "The battle is for the customer interface." *Techcrunch.* Retrieved from https://techcrunch.com/2015/03/03/in-the-age-of-disintermediation-the-battle-is-all-for-the-customer-interface/

Logan, D., J.P. King, and H. Fischer-Wright. (2008). *Tribal leadership: Leveraging natural groups to build a thriving organization.* New York: HarperBusiness

12 基层管理人员的关键行动

Kunda, Z. (1999). *Social cognition: Making sense of people.* Cambridge, MA: MIT Press

Receptiviti Inc. (2018). "Receptiviti." Retrieved from https://www.receptiviti.ai/